Frisch und bunt!

SALATE

Parragon

Bath • New York • Cologne • Melbourne • Delhi
Hong Kong • Shenzhen • Singapore

INHALT

EINLEITUNG

In den letzten drei Jahrzehnten hat sich das Verständnis dafür, was ein Salat ist, grundlegend gewandelt. Heute werden fade Kopfsalatblätter nicht mehr in süßer Kondensmilchsauce ertränkt, Kartoffeln nicht mehr zerkocht und von schwerer Mayonnaise erdrückt, und auch den geschmacklosen Tomaten von einst kann man heute entgehen.

Moderne Salate sind gesunde, kalorienarme und leichte Mahlzeiten, zusammengestellt aus einer Vielfalt an köstlichen, farbenfrohen Zutaten, die reichlich Vitamine und Mineralstoffe enthalten – ideal für eine ausgewogene Ernährung.

In diesem Buch finden Sie Rezeptideen für jede Gelegenheit – vom schnellen Mittagssnack bis zur eleganten Dinnerspezialität.

Im Handel sind das ganze Jahr über frische Zutaten aus der ganzen Welt erhältlich. Aber nicht nur Exotisches, auch das Gemüse der Saison kann zu einem knackigen Salat verarbeitet werden.

Salate lassen sich so vielseitig gestalten, dass sie sowohl Vegetarier als auch Fleischesser gleichermaßen glücklich machen. Fleisch und Geflügel sowie Fisch und Meeresfrüchte sind ideale proteinreiche Zutaten und können wunderbar mit klassischen Blattsalaten, Gemüse, Obst, Kräutern, Nüssen, Körnern, Hülsenfrüchten sowie Käse kombiniert werden. Sie haben die Wahl zwischen leichten, fruchtigen und sättigenden, herzhaften Varianten – Salate eignen sich als Vorspeise, Hauptspeise oder mit Obst sogar als Nachspeise.

In diesem Buch finden Sie neben den großen Klassikern wie Caesar Salad, Insalata Caprese oder Nizza-Salat auch wunderbare neue Kreationen, die von der Aromenvielfalt Asiens inspiriert wurden. Falls Ihnen also der gemischte Salat mit Hähnchen- oder Putenbruststreifen zu langweilig geworden ist, probieren Sie doch einmal die thailändische oder die italienische Version. Auch arabische Einflüsse finden sich in vielen modernen Salatkreationen, sehr beliebt ist beispielsweise Taboulé, von denen auch eine besonders schmackhafte Variante in diesem Buch vorgestellt wird.

Salat stand vor einigen Jahren noch in dem Ruf, nur etwas für Vegetarier und freudlose Kalorienzähler zu sein. Heutzutage sollten Salate Bestandteil jeder gesunden Ernährung sein, auch für Berufstätige oder andere Menschen mit wenig Zeit zum Kochen, denn sie sind im Handumdrehen zubereitet.

Ernährungswissenschaftler raten, täglich fünf Portionen Obst und Gemüse zu essen. Salate machen es Ihnen leicht, dieses Ziel genussvoll zu erreichen.

Wenn Sie unter Salat nur ein paar grüne Blätter mit einem einfachen Essig-Öl-Dressing verstehen, ist es an der Zeit, sich neu zu orientieren. Schließlich war die Auswahl an frischen Produkten nie größer als heute!

Salat besteht nicht zwangsläufig nur aus Rohkost. Gegartes Fleisch und Geflügel oder Fisch und Meeresfrüchte machen daraus eine nahrhafte, vollwertige Mahlzeit. Gegartes Gemüse ist ebenfalls hervorragend geeignet: Gegrillt oder blanchiert verleiht es dem Salat auch farblich eine besondere Note.

Blattsalate sind weiterhin die bevorzugte Basis vieler Kreationen. Schauen Sie sich im Supermarkt, beim Gemüsehändler oder auf Wochenmärkten um, und Sie werden eine Vielzahl farbiger Blattsalate entdecken, die vom hellgrünen Chicorée bis hin zum dunkelroten Radicchio reichen. Sie alle haben ihren ganz eigenen Geschmack, von nussig-mild bis kräftig-würzig.

Je mehr unterschiedliche Blattsalate Sie für einen Salat verwenden, desto besser schmeckt er und desto ausgewogener ist er auch hinsichtlich seiner Nährstoffe. Je dunkler die Blätter, wie etwa die von jungem Spinat oder Feldsalat, desto mehr Betakarotine sind enthalten. Darüber hinaus ist grünes Blattgemüse ein hervorragender Ballaststofflieferant.

Es ist zwar einfach und bequem, sich einen Beutel Salatmix aus dem Kühlregal eines Supermarktes zu nehmen, besser und vor allem gesünder ist es allerdings, sich eine eigene Mischung aus frischer Ware zusammenzustellen.

KLASSISCH & KREATIV

Caesar Salad

Für 4 Portionen Vorbereitung: 15 Min. Garzeit: 5 Min.

Zutaten

1 großes Ei

1 großer Romanasalat, abgespült und in einzelne Blätter getrennt

8 eingelegte Sardellenfilets, abgetropft und grob gehackt

80 g frisch gehobelter Parmesan

Croûtons

4 EL Olivenöl

2 Knoblauchzehen

5 Scheiben Weißbrot, Rinde entfernt, in 1 cm dicke Würfel geschnitten

Dressing

6 EL Olivenöl

2 EL Zitronensaft

Salz und Pfeffer

Zubereitung

1 In einem kleinen Topf etwas Wasser zum Kochen bringen, das Ei zugeben und 4 Minuten kochen. (Das Eigelb sollte noch flüssig sein.) Herausnehmen und beiseitestellen.

2 Für die Knoblauchcroûtons das Olivenöl in einer Pfanne erhitzen. Knoblauch und Brotwürfel hineingeben und unter Rühren 4–5 Minuten braten, bis die Croûtons goldbraun und knusprig sind. Mit einem Schaumlöffel herausnehmen und auf Küchenpapier abtropfen lassen.

3 Die Salatblätter in eine große Schüssel geben. Olivenöl und Zitronensaft in einer kleinen Schüssel verrühren und mit Salz und Pfeffer abschmecken. Das Ei aufschlagen und mit dem Dressing verquirlen. Über den Salat gießen, Sardellenfilets und Croûtons zugeben und gut vermengen. Mit den Parmesanspänen bestreuen und sofort servieren.

Griechischer Salat

Für 4 Portionen Vorbereitung: 20 Min. Garzeit: keine

Zutaten

200 g Feta

½ Eisbergsalat oder 1 Romanasalat, in Streifen geschnitten oder zerpflückt

4 Tomaten, in Spalten geschnitten

½ Gurke, in Scheiben geschnitten

12 schwarze entsteinte Oliven

2 EL frisch gehackte Kräuter, z. B. glatte Petersilie, Oregano, Minze oder Basilikum

1 kleine Zwiebel, in Ringe geschnitten (nach Belieben)

Dressing

6 EL natives Olivenöl extra

2 EL Zitronensaft

1 Knoblauchzehe, zerdrückt

1 Prise Zucker

Salz und Pfeffer

Zubereitung

1 Für das Dressing alle Zutaten in eine Schüssel geben, gut verrühren und beiseitestellen. Den Feta in etwa 2,5 cm dicke Würfel schneiden. Salatblätter, Tomaten, Gurke und Feta in eine große Schüssel geben und vermengen.

2 Das Dressing über den Salat gießen und unterrühren. Mit den Oliven, den Kräutern und nach Belieben mit Zwiebeln garnieren und servieren.

Salat mit Mozzarella & Tomatendressing

Für 4 Portionen Vorbereitung: 20 Min. Garzeit: keine

Zutaten

100 g gemischte Salatblätter, z. B. Frisée, Feldsalat und Radicchio

500 g geräucherter Mozzarella, in Scheiben geschnitten

Dressing

140 g getrocknete Tomaten in Olivenöl, abgetropft (Öl auffangen)

15 g Basilikum, grob gehackt

15 g glatte Petersilie, grob gehackt

1 EL Kapern, abgespült

1 EL Balsamico-Essig

1 Knoblauchzehe, grob gehackt

Olivenöl (nach Bedarf)

Salz und Pfeffer

Zubereitung

1 Getrocknete Tomaten, Basilikum, Petersilie, Kapern, Essig und Knoblauch in eine Küchenmaschine geben. Das aufgefangene Öl der Tomaten mit zusätzlichem Olivenöl auf 150 ml auffüllen. Zu den anderen Zutaten gießen und alles glatt pürieren. Mit Salz und Pfeffer abschmecken.

2 Die Salatblätter auf vier Teller verteilen und die Mozzarellascheiben darauf anrichten. Das Dressing mit einem Löffel über den Salat träufeln. Sofort servieren.

Spargel-Tomaten-Salat

Für 4 Portionen   Vorbereitung: 20 Min.   Garzeit: 10 Min.

Zutaten

250 g grüner Spargel, holzige Enden entfernt und die Stangen auf eine Länge gekürzt

100 g Feldsalat, geputzt

25 g Rucola oder Mizunasalat

500 g vollreife Tomaten, in Scheiben geschnitten

12 entsteinte schwarze Oliven, in Ringe geschnitten

1 EL geröstete Pinienkerne

Dressing

1 TL Zitronenöl

1 EL Olivenöl

1 TL körniger Senf

2 EL Balsamico-Essig

Salz und Pfeffer

Zubereitung

1 Den Spargel in einem Topf mit Salzwasser etwa 8 Minuten bissfest garen. Unter fließend kaltem Wasser abschrecken und in 5 cm lange Stücke schneiden.

2 Die Salatblätter auf einer großen Servierplatte verteilen und Tomatenscheiben und Spargelstücke darauf anrichten. Mit Oliven und Pinienkernen bestreuen.

3 Für das Dressing alle Zutaten in ein Schraubglas füllen, kräftig schütteln und über den Salat gießen. Sofort servieren.

Eisbergsalat mit Tomaten & Speck

Für 4 Portionen Vorbereitung: 20 Min. Garzeit: 5 Min.

Zutaten

8 dicke Scheiben Frühstücksspeck

1 Eisbergsalat, in 12 Spalten geschnitten

2 Fleischtomaten, in Spalten geschnitten

¼ Salatgurke, in Scheiben geschnitten

½ Avocado, in Scheiben geschnitten

1 EL Zitronensaft

80 g mittelalter Gouda, grob gerieben (nach Belieben)

Dressing

4 EL Mayonnaise

2 EL saure Sahne

1 EL Milch

2 TL körniger Senf

Salz und Pfeffer

Zubereitung

1 Den Backofengrill sehr stark erhitzen und die Speckscheiben 3–4 Minuten knusprig grillen, dabei einmal wenden.

2 Für das Dressing Mayonnaise, saure Sahne, Milch und Senf in einer Schüssel glatt rühren und mit Salz und Pfeffer abschmecken. Salatspalten, Tomatenspalten und Gurkenscheiben auf vier Servierteller verteilen.

3 Die Avocadoscheiben im Zitronensaft wenden und zum Salat geben. Mit dem Dressing übergießen.

4 Die Speckscheiben halbieren und auf den Salat legen. Nach Belieben mit geriebenem Käse bestreuen und sofort servieren.

Rucola-Parmesan-Salat

Für 4 Portionen Vorbereitung: 15 Min. Garzeit: 5 Min.

Zutaten

2 Handvoll Rucolablätter

1 kleine Fenchelknolle

50 g Pinienkerne

100 g Parmesanspäne

Dressing

5 EL Olivenöl

2 EL Balsamico-Essig

Salz und Pfeffer

Zubereitung

1 Den Rucola waschen und trocken tupfen. Gleichmäßig auf vier Teller verteilen.

2 Die Fenchelknolle halbieren und in feine Scheiben schneiden. Die Fenchelscheiben auf dem Rucola anrichten.

3 Olivenöl, Balsamico, Salz und Pfeffer mit dem Schneebesen verrühren. Ein wenig Dressing über jeden Teller geben.

4 Die Pinienkerne in einer trockenen Pfanne auf hoher Temperatur rösten, bis sie goldbraun sind.

5 Den Salat mit Parmesanspänen und gerösteten Pinienkernen bestreuen und sofort servieren.

Avocadosalat mit Melone & Fontina

Für 4 Portionen Vorbereitung: 20 Min. Garzeit: keine

Zutaten

8 Radicchioblätter

100 g Rucola

1 kleine Galiamelone

2 reife Avocados, in dünne Spalten geschnitten

1 EL Zitronensaft

200 g Fontina-Käse, in mundgerechte Würfel geschnitten

Dressing

5 EL natives Olivenöl extra

1 EL Weißweinessig

1 EL Zitronensaft

1 EL frisch gehackte Petersilie, plus etwas mehr zum Garnieren

Salz und Pfeffer

Zubereitung

1 Für das Dressing alle Zutaten in eine Schüssel geben und miteinander verrühren.

2 Radicchio und Rucola auf vier Teller verteilen. Die Melone halbieren und entkernen. In dünne Spalten schneiden und auf den Salatblättern verteilen.

3 Die Avocadospalten mit Zitronensaft beträufeln und ebenfalls auf dem Salat anrichten. Mit Käsewürfeln und Petersilie bestreuen. Mit etwas Dressing beträufeln und sofort servieren.

Fruchtige Salatnester

Für 4 Portionen | Vorbereitung: 20 Min. | Garzeit: keine

Zutaten

2 rosa Grapefruits, geschält und filetiert (Reste aufbewahren)

½ Ananas, geschält und gewürfelt

1 große Avocado, halbiert und Fruchtfleisch gewürfelt

fein abgeriebene Schale und Saft von 1 Limette

2 EL fein gehackte frische Minze

4 äußere Blätter von einem Eisbergsalat

Zubereitung

1 Die Grapefruitfilets halbieren und in eine Salatschüssel geben. Den Saft aus dem Rest der Grapefruit darüber auspressen. Ananas und Avocado zufügen. Limettenschale und -saft sowie Minze zugeben und alles vorsichtig mischen.

2 Die Salatblätter auf vier kleine Servierteller setzen und mit dem Fruchtsalat füllen. Sofort servieren.

Regenbogensalat mit Wasabidressing

Für 2 Portionen Vorbereitung: 15 Min. Garzeit: 5 Min.

Zutaten

1 EL Sonnenblumenöl

4 EL Sonnenblumenkerne

2 EL Sojasauce

200 g bunter Mangold, Blätter in Streifen, Stiele in Stiften

Dressing

1 TL Wasabipaste

1 EL Mirin

Saft von 1 kleinen Orange

Zubereitung

1 Das Öl in einer Pfanne erhitzen. Die Sonnenblumenkerne darin bei mittlerer Hitze 2–3 Minuten bei geschlossenem Deckel anbraten, bis die Kerne zu knacken beginnen. Dabei regelmäßig die Pfanne rütteln. Vom Herd nehmen. Die Sojasauce zugießen, den Deckel wieder aufsetzen und abkühlen lassen.

2 Für das Dressing Wasabipaste, Mirin und Orangensaft in ein Schraubglas füllen. Zuschrauben und kräftig schütteln.

3 Mangoldblätter und -stiele in einer Salatschüssel mischen. Das Dressing darüberträufeln und untermischen. Sonnenblumenkerne und Sojasauce darübergeben. Sofort servieren.

Herzhafter Gartensalat

Für 4 Portionen — Vorbereitung: 30 Min. — Garzeit: 15 Min.

Zutaten

500 g Stangenbohnen, geschnippelt

300 g Tomaten, gewürfelt

2 Romanasalatherzen, in mundgerechten Stücken

25 g frische Minze, fein gehackt

25 g frische Schnittlauchröllchen

Dressing

2 TL Olivenöl

1 rote Zwiebel, fein gehackt

2 Knoblauchzehen, fein gehackt

500 g Tomaten, gewürfelt

1 TL geräuchertes scharfes Paprikapulver (Pimentón)

3 EL Sherry-Essig

Salz und Pfeffer

Zubereitung

1 Die Bohnen in einen Topf mit kochendem Wasser geben und 3–4 Minuten knackig gar kochen. Mit kaltem Wasser abschrecken, abtropfen und abkühlen lassen.

2 Für das Dressing das Öl in einem Topf erhitzen. Die Zwiebel darin bei kleiner bis mittlerer Hitze 5 Minuten weich dünsten. Knoblauch, Tomaten und Paprikapulver zufügen. Dann den Essig unterrühren. Salzen und pfeffern. Bei geschlossenem Deckel 5 Minuten dünsten, bis die Tomaten weich werden. In eine Salatschüssel geben und abkühlen lassen.

3 Die Bohnen in die Schüssel geben und mit dem Dressing mischen. Rohe Tomaten, Salat, Minze und Schnittlauch unterheben. Sofort servieren.

Rotkohlsalat mit Kernen

Für 4 Portionen Vorbereitung: 30 Min. Garzeit: keine

Zutaten

350 g Rotkohl, fein geraspelt

175 g gekochte Rote Beten, in dünne Stifte geschnitten

1 Apfel, entkernt und in dünne Scheiben geschnitten

1 EL Zitronensaft

Salz und Pfeffer

1 EL Sonnenblumenkerne

1 EL Kürbiskerne

Dressing

3 EL Mayonnaise

2 EL griechischer Joghurt (10% Fett)

1 EL Rotweinessig

Salz und Pfeffer

Zubereitung

1 Rotkohl, Rote Beten und Apfelscheiben in eine Salatschüssel geben und mit dem Zitronensaft mischen.

2 Für das Dressing Mayonnaise, Joghurt und Rotweinessig in einer Schüssel glatt rühren. Über den Salat geben und gründlich unterrühren. Mit Salz und Pfeffer würzen und abgedeckt mindestens 1 Stunde in den Kühlschrank stellen.

3 Den Salat nochmals durchrühren und bei Bedarf mit Salz und Pfeffer nachwürzen. Kurz vor dem Servieren mit Sonnenblumen- und Kürbiskernen bestreuen.

Friséesalat mit Walnüssen

Für 4 Portionen

Vorbereitung: 15 Min. plus Ruhezeit

Garzeit: 5 Min.

Zutaten

½ Friséesalat, in mundgerechten Stücken

1 Romanasalatherz, in mundgerechten Stücken

Dressing

55 g Walnusskerne, grob gehackt

3 EL Olivenöl

1 TL flüssiger Honig

1 EL Weißweinessig

1 TL Dijon-Senf

Pfeffer

Zubereitung

1 Für das Dressing die Walnüsse mit 1 Esslöffel Öl in eine Pfanne geben und bei mittlerer Hitze 2–3 Minuten leicht anbraten. Die Pfanne vom Herd nehmen, den Honig darüberträufeln und unterrühren. Die Pfannenhitze ist ausreichend, damit die Mischung leicht karamellisiert.

2 Das restliche Öl einrühren und 15 Minuten abkühlen und ziehen lassen. Essig und Senf in eine Schale geben und glatt rühren. Leicht mit Pfeffer würzen. In die Walnuss-Öl-Mischung rühren.

3 Frisée- und Romanasalat in einer Salatschüssel mischen. Das Dressing darübergeben und unterheben. Sofort servieren.

Sommersalat mit Joghurtdressing

Für 4 Portionen Vorbereitung: 20 Min. Garzeit: keine

Zutaten

150 g Salatgurken, in feinen Scheiben

6 Frühlingszwiebeln, fein gehackt

150 g Tomaten, in Scheiben

1 gelbe Paprika, in Streifen

2 Selleriestangen, in feinen Scheiben

4 Radieschen, in feinen Scheiben

85 g Rucola

Dressing

2 EL Zitronensaft

1 Knoblauchzehe, zerdrückt

150 g fettarmer Naturjoghurt

2 EL Olivenöl

Salz und Pfeffer

Zubereitung

1 Gurken, Frühlingszwiebeln, Tomaten, Paprika, Sellerie, Radieschen und Rucola in eine Salatschüssel geben.

2 Für das Dressing Zitronensaft, Knoblauch, Joghurt und Olivenöl in einer Schale verrühren. Mit Salz und Pfeffer abschmecken.

3 Über den Salat träufeln und unterheben. Sofort servieren.

Salat mit indischen Gewürzen

Für 4 Portionen Vorbereitung: 20 Min. Garzeit: 5 Min.

Zutaten

150 g fettarmer Naturjoghurt
175 g Rotkohl, gehobelt
40 g Grünkohl, in Streifen
1 roter Apfel, entkernt und geraspelt
1 große Karotte, geraspelt
Salz und Pfeffer

Würzmischung

2 EL Kürbiskerne
2 EL Sonnenblumenkerne
2 EL Mandelblättchen
1½ TL Garam masala
½ TL Kurkuma
1 EL Sonnenblumenöl

Zubereitung

1 Für die Würzmischung eine Pfanne erhitzen. Kürbis- und Sonnenblumenkerne, Mandeln, ½ Teelöffel Garam masala und ¼ Teelöffel Kurkuma hineingeben. Das Öl zugießen und bei mittlerer Hitze 3–4 Minuten unter häufigem Rühren anbraten, bis die Mandeln goldbraun sind. Abkühlen lassen.

2 Für das Dressing den Joghurt mit dem restlichen Garam masala und der restlichen Kurkuma in einer großen Schüssel verrühren. Salzen und pfeffern.

3 Rot- und Grünkohl, Apfel und Karotte zufügen und mischen. Den Salat auf vier Servierschalen verteilen und mit der Würzmischung garnieren.

Avocado-Mandel-Salat

Für 4 Portionen Vorbereitung: 20 Min. Garzeit: 5 Min.

Zutaten

2 TL Olivenöl

55 g Mandelblättchen

1 Eisbergsalat, in mundgerechten Stücken

3 Avocados, halbiert, entkernt und geschält

Saft von 2 Zitronen

Dressing

4 EL fettarmer Naturjoghurt

2 Frühlingszwiebeln, fein gehackt

1 Msp. zerstoßene getrocknete rote Chilis

25 g frischer Koriander, fein gehackt (nach Belieben)

Salz und Pfeffer

Zubereitung

1 Das Öl in einer Pfanne erhitzen. Die Mandeln darin bei mittlerer Hitze 3–4 Minuten unter häufigem Rühren goldbraun anbraten. Abkühlen lassen.

2 Den Salat in eine Schüssel geben. Zwei Avocados in Scheiben schneiden und mit zwei Dritteln des Zitronensafts beträufeln, damit sie nicht braun werden. In die Schüssel zum Salat geben.

3 Für das Dressing die dritte Avocado mit dem restlichen Zitronensaft in einer Schale zerdrücken. Joghurt, Frühlingszwiebeln, Chilis und, falls verwendet, Koriander untermischen. Mit Salz und Pfeffer abschmecken.

4 Den Salat auf vier Servierschalen verteilen und mit den Mandeln bestreuen. Das Dressing darübergeben und sofort servieren.

Bunter Drei-Saaten-Mix

Für 4 Portionen   Vorbereitung: 20 Min.   Garzeit: keine

Zutaten

115 g Babyspinat

½ Eichblattsalat, zerzupft

2 Selleriestangen, in Scheiben

1 Handvoll Selleriegrün, gehackt, plus etwas mehr zum Garnieren

150 g Blaubeeren

Saft von 2 Zitronen

Salz und Pfeffer

Dressing

2 EL geröstete Sesamsaat, plus etwas mehr zum Garnieren

2 EL Sonnenblumenkerne

2 EL Leinsamen

1 Knoblauchzehe, in Scheiben

2 EL Olivenöl

150 g fettarmer Naturjoghurt

Zubereitung

1 Spinat- und Salatblätter in eine Salatschüssel geben. Sellerie, Sellerieblätter und Blaubeeren zugeben. Mit dem Saft einer Zitrone beträufeln. Leicht salzen und pfeffern. Alles vermengen.

2 Für das Dressing Sesam, Sonnenblumenkerne und Leinsamen in einen Mixer geben. Knoblauch, Öl und restlichen Zitronensaft zufügen. Salzen und pfeffern. Fein mahlen. Den Joghurt zufügen und einarbeiten, bis eine glatte Creme entstanden ist.

3 Den Salat auf vier Servierteller verteilen und 1 guten Esslöffel Saatendressing in die Mitte setzen. Mit etwas Sesam und Selleriegrün garnieren und sofort servieren.

Grüner Salat mit Tofu in Misoglasur

Für 4 Portionen Vorbereitung: 20 Min. Garzeit: 10 Min.

Zutaten

400 g fester Tofu, abgetropft und in 1 cm dicken Scheiben

1 EL Sesamsaat

85 g Zuckererbsen, in feinen Streifen

115 g Bohnensprossen

150 g grüner Spargel, in langen, dünnen Streifen

1 Zucchini, in Stiften

1 Romana-Salatherz, in Streifen

25 g frischer Koriander, grob gehackt

85 g Sprossenmix

Glasur

3 EL Reisweinessig

2 EL Sojasauce

3 EL Sonnenblumenöl

1 EL helles Miso

2 Knoblauchzehen, fein gehackt

Zubereitung

1 Für die Glasur Essig, Sojasauce, Öl, Miso und Knoblauch in ein Schraubglas füllen, zuschrauben und kräftig schütteln.

2 Den Backofengrill vorheizen. Ein Backblech mit Alufolie belegen. Die Tofuscheiben darauf verteilen und mit einer Messerspitze rautenförmig einritzen. Mit dem Sesam bestreuen. Mit der Hälfte der Glasur beträufeln und 8–10 Minuten unter einmaligem Wenden goldbraun grillen.

3 Zuckererbsen, Bohnensprossen, Spargel, Zucchini und Salat auf eine Servierplatte geben. Die restliche Glasur darüberträufeln und untermischen. Mit Koriander und Sprossenmix bestreuen. Die heißen Tofuscheiben darauf anrichten. Die Glasur vom Backblech darübergießen. Sofort servieren.

Roter Salat mit Brokkoli

Für 4 Portionen   Vorbereitung: 15 Min.   Garzeit: 15 Min.

Zutaten

200 g Sprossenbrokkoli

250 g Rotkohl, gehobelt

115 g gegarte Rote Beten (Abtropfgewicht), in feinen Stiften

2 EL getrocknete Cranberrys

3 EL Balsamico-Essig

Croûtons

2 EL Olivenöl

85 g kräftiges Vollkornbrot, in kleinen Stücken

1 EL Sonnenblumenkerne

1 EL Leinsamen

Zubereitung

1. Den Brokkoli in einem Topf mit Dämpfeinsatz über siedendem Wasser bei geschlossenem Deckel 3–5 Minuten knackig gar dämpfen. Unter fließend kaltem Wasser abschrecken. Lange Brokkolistiele kürzen und nochmals längs halbieren. In eine Salatschüssel geben.
2. Rotkohl, Rote Beten und Cranberrys zufügen.
3. Für die Croûtons das Öl in einer Pfanne erhitzen. Die Brotstücke darin 3–4 Minuten unter Rühren anbräunen. Sonnenblumenkerne und Leinsamen zugeben und 2–3 Minuten mitrösten.
4. Den Essig über den Salat träufeln und unterheben. Mit Croûtons und Saaten garnieren und sofort servieren.

GEMÜSE-VARIATIONEN

Warmer Gemüsesalat mit Mozzarella

Für 4 Portionen　Vorbereitung: 30 Min.　Garzeit: 40 Min.

Zutaten

2 Süßkartoffeln, geschält und in Stücke geschnitten

2 EL Olivenöl

2 Knoblauchzehen, zerdrückt

Salz und Pfeffer

1 große Aubergine, in Scheiben geschnitten

2 rote Paprika, in Streifen geschnitten

200 g gemischte Salatblätter

300 g Mozzarella, in Scheiben geschnitten

Dressing

1 EL Balsamico-Essig

1 Knoblauchzehe, zerdrückt

3 EL Olivenöl

1 kleine Schalotte, fein gehackt

2 EL frisch gehackte gemischte Kräuter, z. B. Estragon, Dill und Basilikum

Salz und Pfeffer

Zubereitung

1 Den Backofen auf 190°C vorheizen. Süßkartoffeln, Olivenöl und Knoblauch auf ein Backblech geben und mit Salz und Pfeffer würzen. 30 Minuten im Ofen garen, bis die Süßkartoffeln weich und gebräunt sind. Aus dem Ofen nehmen und beiseitestellen.

2 Den Backofengrill vorheizen. Auberginenscheiben und Paprikastreifen auf ein Backblech legen und unter gelegentlichem Wenden 10 Minuten grillen, bis sie weich und gebräunt sind.

3 Für das Dressing alle Zutaten in einer Schüssel gut verrühren.

4 Die Salatblätter auf vier Teller verteilen und das warme Gemüse und die Mozzarellascheiben darauf anrichten. Mit dem Dressing beträufeln und servieren.

Tomaten-Gurken-Salat mit Brot

Für 4 Portionen

Vorbereitung: 15 Min. plus Marinierzeit

Garzeit: 5 Min.

Zutaten

1 kleine Salatgurke, geschält
2 Fleischtomaten
1 Zwiebel
4 EL natives Olivenöl extra
2 EL Weißweinessig
Salz und Pfeffer
2 Scheiben Bauernbrot

Zubereitung

1 Die Gurke und die Tomaten in dünne Scheiben schneiden und in eine Salatschüssel geben. Die Zwiebel in feine Ringe hobeln. Mit Gurke und Tomaten vermischen.

2 In einer kleinen Schüssel Olivenöl, Essig, Salz und Pfeffer verquirlen und über den Salat gießen. Etwa 20 Minuten marinieren.

3 Die Brotscheiben unter dem Backofengrill oder in einem Toaster auf beiden Seiten goldbraun rösten. Anschließend in mundgerechte Stücke schneiden. Die Brotwürfel unter den Salat heben und sofort servieren.

Rote-Bete-Salat

Für 4 Portionen   Vorbereitung: 15 Min.   Garzeit: 5 Min.

Zutaten

650 g gekochte Rote Beten
3 EL natives Olivenöl extra
Saft von 1 Orange
1 TL Zucker
1 TL Fenchelsamen
Salz und Pfeffer
120 g kleine Spinatblätter

Zubereitung

1 Die Rote Beten in Würfel schneiden. Das Olivenöl in einem kleinen, schweren Topf erhitzen. Orangensaft, Zucker und Fenchelsamen hineingeben und mit Salz und Pfeffer würzen. So lange unter Rühren köcheln lassen, bis sich der Zucker aufgelöst hat.

2 Die Rote-Bete-Würfel in den Topf geben und vorsichtig mit der Sauce vermengen. Den Topf vom Herd nehmen.

3 Die Spinatblätter in eine große Salatschüssel geben. Die warmen Rote Beten auf den Spinatblättern verteilen und servieren.

Dreierlei Pilze

Für 4 Portionen   Vorbereitung: 30 Min.   Garzeit: 25 Min.

Zutaten

3 EL Pinienkerne
4 EL Olivenöl
2 rote Zwiebeln, gehackt
2 Knoblauchzehen, zerdrückt
3 Scheiben Weißbrot, gewürfelt
200 g gemischte Salatblätter
250 g Creme-Champignons, halbiert
150 g Shiitake-Pilze
150 g Austernpilze, halbiert

Dressing

1 Knoblauchzehe, zerdrückt
2 EL Rotweinessig
4 EL Walnussöl
1 EL frisch gehackte Petersilie
Salz und Pfeffer

Zubereitung

1 Eine beschichtete Pfanne erhitzen und die Pinienkerne unter Rühren kurz anrösten. Auf einem Teller beiseitestellen.

2 1 Esslöffel Olivenöl in einer Pfanne erhitzen und die Zwiebelwürfel darin goldbraun andünsten. Beiseitestellen.

3 1 Esslöffel Olivenöl und den Knoblauch in die Pfanne geben und erhitzen. Die Brotwürfel zugeben und unter Rühren 5 Minuten goldbraun anbraten. Aus der Pfanne nehmen und auf Küchenpapier abtropfen lassen.

4 Salatblätter und Zwiebeln auf vier Teller verteilen. Für das Dressing alle Zutaten in einer Schüssel miteinander verrühren und den Salat damit beträufeln.

5 Das restliche Olivenöl in einer Pfanne erhitzen. Champignons und Shiitake-Pilze 2–3 Minuten unter häufigem Wenden andünsten. Die Austernpilze zugeben und weitere 2–3 Minuten garen. Die heißen Pilze auf die Teller verteilen. Mit Pinienkernen und Croûtons bestreuen und sofort servieren.

Tomatenplatte mit frischen Kräutern

Für 4 Portionen

Vorbereitung: 20 Min. plus Kühlzeit

Garzeit: keine

Zutaten

900 g Tomaten, in dünne Scheiben geschnitten

1 EL Zucker (nach Belieben)

Salz und Pfeffer

1 rote Zwiebel, in feine Ringe geschnitten

2 EL frisch gehackte gemischte Kräuter, z. B. Estragon, Schnittlauch, Koriander oder Basilikum

Dressing

2 EL Rotwein- oder Obstessig

2–4 EL Pflanzenöl

Zubereitung

1 Die Tomatenscheiben auf einem großen Servierteller anrichten und nach Geschmack mit Zucker bestreuen. Salzen und pfeffern.

2 Die Zwiebeln in einzelne Ringe trennen und über den Tomaten verteilen. Mit den Kräutern bestreuen.

3 Für das Dressing Essig und Öl in ein Schraubglas füllen, kräftig schütteln und über die Tomaten gießen. Mit Frischhaltefolie abdecken und 20 Minuten im Kühlschrank ziehen lassen. 5 Minuten vor dem Servieren aus dem Kühlschrank nehmen.

Salat mit Roter Bete & Emmer

Für 4 Portionen

Vorbereitung: 20 Min. plus Ruhezeit

Garzeit: 80 Min.

Zutaten

2 Rote Beten (etwa 175 g), geschält und geviertelt

3 Thymianzweige

5 EL Walnussöl

100 g geschälter Emmer, abgespült

1 große rote Paprika, längs halbiert und entkernt

25 g Walnüsse, grob gehackt

85 g Rucola

Balsamico-Creme, zum Beträufeln

Meersalz und Pfeffer

Zubereitung

1 Den Backofen auf 190 °C vorheizen. Zwei gleich große Quadrate aus Alufolie zurechtschneiden.

2 Rote Beten und Thymian zu gleichen Teilen auf die beiden Alufolienstücke geben. Mit etwas Öl beträufeln und mit Salz und Pfeffer würzen. Beide Portionen zu Päckchen falten, dabei die Kanten fest verschließen. 30–40 Minuten im Ofen backen.

3 Inzwischen den Emmer in einen Topf geben, mit Wasser bedecken, aufkochen und 30 Minuten köcheln lassen. Alternativ nach Packungsangabe verfahren. Den Emmer abgießen, abtropfen lassen und in eine Schüssel geben.

4 Den Backofengrill auf hohe Stufe stellen. Die rote Paprika mit der Schnittfläche nach unten auf einen Grillrost legen und 10 Minuten grillen. Die Haut sollte dunkelbraun sein und Blasen werfen. Aus dem Ofen nehmen und mit einem Küchenhandtuch abgedeckt 10 Minuten ruhen lassen. Das Handtuch entfernen und die Haut von den Paprikastücken abziehen. Das Fruchtfleisch grob hacken.

5 Den Emmer auf vier Teller verteilen. Die Rote-Bete-Viertel nochmals halbieren und über den Emmer legen. Paprika, Walnüsse und Rucola darüber verteilen.

6 Mit dem restlichen Öl und etwas Balsamico-Creme beträufeln. Sofort servieren.

Salat aus gerösteter Paprika

Für 4 Portionen

Vorbereitung: 20 Min. plus Marinierzeit

Garzeit: 40 Min.

Zutaten

3 rote Paprika

3 gelbe Paprika

5 EL natives Olivenöl extra, plus etwas mehr zum Bestreichen

2 EL Sherry-Essig

3 Knoblauchzehen, zerdrückt

1 Prise Zucker

1 EL Kapern, abgetropft

8 kleine spanische schwarze Oliven

2 EL frisch gehackter Majoran, plus einige Blättchen zum Garnieren

Salz und Pfeffer

Zubereitung

1 Den Backofen auf 200 °C vorheizen. Die Paprika mit Öl bestreichen und auf ein Backblech legen. Im vorgeheizten Ofen 30 Minuten garen. Dann die Paprika wenden und weitere 10 Minuten garen, bis die Schalen schwarz sind und Blasen werfen.

2 Die Paprika in einen sauberen Plastikbeutel geben und verschlossen etwa 10 Minuten abkühlen lassen.

3 Die Paprika über eine saubere Schüssel halten und mit einem spitzen Messer unten einschneiden. Vorsichtig den Saft aus den Früchten drücken.

4 Die Paprika häuten, entkernen und in gleichmäßig feine Streifen schneiden. Auf einer Servierplatte anrichten.

5 Öl, Essig, Knoblauch und Zucker zum Paprikasaft geben. Salzen und pfeffern. Alles glatt rühren und über die Paprikastreifen träufeln. Kapern, Oliven und gehackten Majoran darauf verteilen. Mit Majoranblättchen garnieren und zimmerwarm servieren.

Artischockenherzen mit Spargel

Für 4–6 Portionen Vorbereitung: 20 Min. Garzeit: 5 Min.

Zutaten

450 g grüner Spargel

Salz

400 g Artischockenherzen aus der Dose, abgespült und abgetropft

gemischte Salatblätter, zum Servieren

Dressing

2 EL frisch gepresster Orangensaft

½ TL fein abgeriebene Bio-Orangenschale

2 EL Walnussöl

1 TL Dijon-Senf

Salz und Pfeffer

Zubereitung

1 Den Spargel putzen und die Stangen auf dieselbe Länge schneiden. Locker mit Küchengarn zusammenbinden. Falls Sie einen Spargelkocher haben, die Stangen nicht binden, sondern einfach in den Einsatz stellen.

2 Den Spargel in einem hohen Topf bei mittlerer Hitze 5 Minuten in leicht gesalzenem, kochendem Wasser knackig gar kochen. Die Spitzen sollten aus dem Wasser herausragen. Den Spargel unter kaltem Wasser abschrecken und gut abtropfen lassen.

3 Den Spargel in 2,5 cm lange Stücke schneiden. Die Artischockenherzen in kleine Spalten schneiden und mit dem Spargel in einer Schüssel vermengen.

4 Für das Dressing Orangensaft und -schale, Walnussöl und Senf verrühren und mit Salz und Pfeffer würzen. Über Artischocken und Spargel gießen und die Zutaten vorsichtig vermengen.

5 Vor dem Servieren die Salatblätter auf Servierschalen verteilen und Artischocken und Spargel darauf anrichten.

Insalata Caprese

Für 4 Portionen

Vorbereitung: 15 Min. plus Kühlzeit

Garzeit: keine

Zutaten

300 g Mozzarella, abgetropft

8 Eiertomaten

20 frische Basilikumblätter

100 ml natives Olivenöl extra

Salz und Pfeffer

Zubereitung

1 Den Mozzarella und die Tomaten in dünne Scheiben schneiden.

2 Käse und Tomaten auf 4 Serviertellern einander überlappend anrichten und salzen. An einem kühlen Ort 30 Minuten ziehen lassen.

3 Die Basilikumblätter auf den Tellern verteilen. Mit Pfeffer würzen und mit Öl beträufeln. Sofort servieren.

Zucchinisalat mit Minzedressing

Für 4 Portionen Vorbereitung: 20 Min. Garzeit: 10 Min.

Zutaten

2 Zucchini, in Stifte geschnitten

100 g grüne Bohnen, in Stücke geschnitten

1 grüne Paprika, in Streifen geschnitten

2 Selleriestangen, in feine Scheiben geschnitten

1 Bund Brunnenkresse

Dressing

200 g Naturjoghurt

1 Knoblauchzehe, zerdrückt

2 EL frisch gehackte Minze

Salz und Pfeffer

Zubereitung

1 Salzwasser in einem Topf zum Kochen bringen, Zucchini und Bohnen zugeben und 8–10 Minuten garen, bis sie bissfest sind. Abgießen, unter fließend kaltem Wasser abschrecken, abtropfen und abkühlen lassen.

2 Zucchini, Bohnen, Paprika und Sellerie in einer großen Schüssel vermengen. Die Brunnenkresse auf dem Salat verteilen.

3 Für das Dressing alle Zutaten in einer Schüssel verrühren, über den Salat gießen und unterheben. Sofort servieren.

Grillgemüsesalat

Für 4 Portionen   Vorbereitung: 20 Min.   Garzeit: 40 Min.

Zutaten

je 1 Zwiebel und 1 Aubergine, in Scheiben geschnitten

je 1 rote Paprika und 1 orange Paprika, in große Stücke geschnitten

1 große Zucchini, in Scheiben geschnitten

2–4 Knoblauchzehen

2–4 EL Olivenöl

Salz und Pfeffer

Basilikum und Parmesanspäne, zum Garnieren

frisches Baguette, zum Servieren

Dressing

2 EL Balsamico-Essig

4 EL natives Olivenöl extra

Salz und Pfeffer

Zubereitung

1 Den Backofen auf 200 °C vorheizen. Das Gemüse mit den Knoblauchzehen in einer Bratform verteilen und mit 2 Esslöffeln Olivenöl beträufeln. Salzen und pfeffern und gut vermengen, bis alles fettig glänzt. Im Ofen 40 Minuten garen, bis das Gemüse weich ist. Wenn es zu trocken wird, weiter mit Öl beträufeln.

2 Für das Dressing alle Zutaten in ein Schraubglas füllen und kräftig schütteln.

3 Das Gemüse auf einer Servierplatte anrichten und mit dem Dressing beträufeln. Mit Basilikum und Parmesan garnieren. Warm oder kalt mit frischem Baguette servieren.

Grüner Spargel mit Tomatendressing

Für 4 Portionen | Vorbereitung: 20 Min. | Garzeit: 10 Min.

Zutaten

Olivenöl, zum Bestreichen

75 g Pinienkerne

500 g dünner grüner Spargel

25 g Parmesan, fein gehobelt

Dressing

350 g Tomaten, gehäutet, entkernt und gehackt

5 EL natives Olivenöl extra

2 EL Balsamico-Essig

Salz und Pfeffer

Zubereitung

1 Den Backofenrost mit Öl bestreichen und den Backofengrill vorheizen. Eine beschichtete Pfanne bei mittlerer Hitze auf den Herd setzen. Die Pinienkerne darin rösten, bis sie leicht gebräunt sind. In eine Schale füllen und beiseitestellen.

2 Für das Dressing die Tomaten mit Öl, Essig, Salz und Pfeffer in einer Schale verrühren.

3 Die Spargelstangen auf den Rost legen und auf oberster Schiene im vorgeheizten Ofen 3–4 Minuten knackig gar grillen. Den Spargel auf einem großen Servierteller anrichten und mit dem Dressing beträufeln. Mit Pinienkernen und Parmesan bestreuen und sofort servieren.

Halloumi-Kebabs auf Fenchel-Bohnen-Salat

Für 4 Portionen Vorbereitung: 10 Min. Garzeit: 8–10 Min.

Zutaten

200 g vegetarischer Halloumi

1 Knoblauchzehe, zerdrückt

1 Fenchelknolle, in dünne Scheiben geschnitten

1 kleine rote Zwiebel, in dünne Scheiben geschnitten

400 g weiße Bohnen aus der Dose, abgetropft

1–2 EL Balsamico, zum Servieren

Dressing

fein abgeriebene Schale von 1 Bio-Zitrone

3 EL frisch gehackte glatte Petersilie

4 EL Olivenöl

Salz und Pfeffer

Zubereitung

1 Für das Dressing Zitronenschale und -saft, Petersilie und Öl verrühren und mit Salz und Pfeffer würzen.

2 Den Käse in 2 cm große Würfel schneiden, auf vier in Wasser eingeweichte Holzspieße stecken und mit der Hälfte des Dressings bestreichen.

3 Den Backofengrill vorheizen. Die Spieße darin unter einmaligem Wenden 6–8 Minuten grillen, bis der Käse goldgelb ist.

4 Das restliche Dressing mit dem Knoblauch in einem kleinen Topf aufkochen. Fenchel, Zwiebel und Bohnen zufügen, durchrühren und etwa 1–2 Minuten kurz miterwärmen. Den Salat in eine Servierschale umfüllen.

5 Die Spieße auf dem Salat anrichten und mit dem Balsamico besprenkelt servieren.

Karottensalat mit Ingwer & Granatapfel

Für 4 Portionen

Vorbereitung: 20 Min. plus Kühlzeit

Garzeit: keine

Zutaten

350 g Karotten, fein gerieben

5-cm-Stück frische Ingwerwurzel, geschält und fein gerieben

1 kleiner Granatapfel, geviertelt

50 g Sprossen wie Alfalfa- und Radieschensprossen

Dressing

3 EL leichtes Olivenöl

3 TL Rotweinessig

3 TL Granatapfelsirup

Salz und Pfeffer

Zubereitung

1 Karotten und Ingwer in eine Salatschüssel geben. Die Granatapfelviertel nach außen biegen und die Kerne herausdrücken. Dabei harte Kerne mit einer Messerspitze aussortieren. Unter die Karotten mischen.

2 Für das Dressing Öl, Essig und Granatapfelsirup in ein Schraubglas füllen. Salzen und pfeffern. Kräftig schütteln. Das Dressing über den Salat träufeln und untermischen. Im Kühlschrank abgedeckt 30 Minuten ziehen lassen.

3 Mit den Sprossen garnieren und servieren.

Kräuter-Kartoffel-Salat

Für 4 Portionen

Vorbereitung: 20 Min. plus Ruhezeit

Garzeit: 10 Min.

Zutaten

650 g kleine neue Kartoffeln, geschält und in dicke Scheiben geschnitten

25 g Rucola

Dressing

150 g fettarmer Naturjoghurt

1 TL Dijon-Senf

½ TL Streusüße

2 Frühlingszwiebeln, fein gehackt

4 EL grob gehackter frischer Dill

50 g frische glatte Petersilie, fein gehackt

Salz und Pfeffer

Zubereitung

1 Die Kartoffeln in einem Schnellkochtopf 6–8 Minuten gar dämpfen. Etwa 10 Minuten abkühlen lassen.

2 Inzwischen für das Dressing Joghurt, Senf und Streusüße in einer großen Schüssel verrühren. Frühlingszwiebeln, Dill und Petersilie unterrühren. Mit Salz und Pfeffer abschmecken.

3 Die warmen Kartoffeln unterheben und vollständig abkühlen lassen. Den Salat auf vier Servierschalen verteilen, mit dem Rucola garnieren und sofort servieren.

Bunter Gemüsesalat

Für 4–6 Portionen

Vorbereitung: 15 Min. plus Kühlzeit

Garzeit: keine

Zutaten

1 EL Apfelessig

1 TL körniger Senf

1 TL Zucker

3 EL Knoblauch-Olivenöl

1 EL Sonnenblumenöl

400 g Gemüsemais aus der Dose, abgespült und abgetropft

400 g Schnittbohnen aus der Dose, abgespült und abgetropft

2 eingelegte rote Paprika, abgespült und abgetropft

2 Frühlingszwiebeln, in feine Ringe geschnitten

Salz und Pfeffer

2 EL frisch gehackte Petersilie, zum Garnieren

Zubereitung

1 Essig, Senf und Zucker in einer großen Schüssel vermengen. Nach und nach beide Ölsorten zugießen und gut verrühren.

2 Mais, Bohnen, Paprika und Frühlingszwiebeln zugeben und gut vermengen. Mit Salz und Pfeffer abschmecken, die Schüssel abdecken und bis zu 24 Stunden im Kühlschrank ziehen lassen.

3 Vor dem Servieren nochmals abschmecken und zum Schluss mit der Petersilie garnieren.

Salat aus gefüllten Ofenpaprika

Für 4 Portionen

Vorbereitung: 15 Min. plus Kühlzeit

Garzeit: 40 Min.

Zutaten

2 rote Paprika, halbiert und entkernt

2 gelbe Paprika, halbiert und entkernt

1 rote Zwiebel, grob gehackt

2 Knoblauchzehen, fein gehackt

6 EL Olivenöl

100 g Mini-Mozzarellakugeln, abgetropft

2 EL grob zerzupftes frisches Basilikum

2 EL Balsamico-Essig

Salz und Pfeffer

Zubereitung

1 Den Backofen auf 190 °C vorheizen. Die Paprikahälften mit der Schnittseite nach oben nebeneinander in eine flache Bratform setzen. Mit Zwiebeln und Knoblauch bestreuen und großzügig salzen und pfeffern. Mit 3 Esslöffeln Olivenöl beträufeln. Im vorgeheizten Ofen 40 Minuten weich garen. Abkühlen lassen.

2 Die Paprika in eine Servierform heben und mit dem Saft aus der Bratform beträufeln. Mozzarella und Basilikum darauf verteilen.

3 Für das Dressing restliches Olivenöl und Balsamico-Essig verrühren und über die Paprika träufeln. Vor dem Servieren mindestens 2 Stunden abgedeckt im Kühlschrank ziehen lassen.

Rustikaler Landsalat

Für 4 Portionen

Vorbereitung: 30 Min. plus Ruhezeit

Garzeit: 35 Min.

Zutaten

300 g neue Kartoffeln

200 g Blumenkohlröschen

4 EL natives Olivenöl extra und mehr, falls nötig

4½ TL Rotweinessig und mehr, falls nötig

200 g feine grüne Bohnen, in mundgerechte Stücke geschnitten

4 Frühlingszwiebeln, fein gehackt

1 Rettich, in feinen Scheiben

85 g junge Spinatblätter

2 EL geröstete Pinienkerne

2 EL Rosinen

Salz und Pfeffer

Radicchioblätter

Ciabatta, zum Servieren

Zubereitung

1 Salzwasser in zwei Töpfen zum Kochen bringen. In den einen Topf die Kartoffeln legen, aufkochen und weitere 20–25 Minuten köcheln, bis sie weich sind. Die Blumenkohlröschen in den anderen Topf geben, aufkochen und weitere 5 Minuten köcheln, bis sie knackig, aber gar sind.

2 Inzwischen Öl, Essig, Salz und Pfeffer in einer Salatschüssel mit dem Schneebesen verrühren.

3 Mit einem Schaumlöffel den Blumenkohl aus dem Topf heben, dabei überschüssiges Wasser abschütteln und ihn in die Salatschüssel geben.

4 Die Bohnen in das Blumenkohlkochwasser legen, wieder aufkochen und weitere 5 Minuten köcheln, bis sie knackig, aber gar sind. Abgießen, abtropfen lassen und in die Salatschüssel geben.

5 Die Kartoffeln abgießen und unter fließend kaltem Wasser leicht abkühlen. Die Kartoffeln pellen und in mundgerechte Stücke schneiden, dann mit Frühlingszwiebeln und Rettich in die Schüssel geben. Alle Zutaten sollten mit Vinaigrette überzogen sein. Mindestens 1 Stunde ruhen lassen.

6 Den Spinat unter die Zutaten mengen und evtl. mit Öl, Essig Salz und Pfeffer nachwürzen. Pinienkerne und Rosinen untermengen.

7 Eine Servierplatte mit Radicchioblättern auslegen. Den Salat mit einem Löffel auf den Radicchioblättern verteilen. Restliches Dressing aus der Schüssel darübergeben. Zum Tunken mit reichlich Ciabatta servieren.

1

3

6

Spinat-Orangen-Salat mit Käsedressing

Für 4–6 Portionen Vorbereitung: 20 Min. Garzeit: keine

Zutaten

300 g Babyspinat, geputzt

4 Frühlingszwiebeln, gehackt

3 Orangen, filetiert

50 g Sonnenblumenkerne

Dressing

125 g kräftiger Blauschimmelkäse, z. B. Roquefort, zerbröselt

200 g Naturjoghurt

1 EL Weißweinessig

½ Zwiebel, geraspelt

½ kleines Bund Schnittlauch, gehackt

Salz und Pfeffer

Zubereitung

1 Für das Dressing alle Zutaten in eine Schüssel geben und mit einem Stabmixer glatt pürieren. Abdecken und bis zum Gebrauch kühl stellen.

2 Spinatblätter und Frühlingszwiebeln in einer Salatschüssel vermischen und mit der Hälfte des Dressings vermengen. Orangenfilets und Sonnenblumenkerne darauf verteilen. Das restliche Dressing separat dazu reichen.

Rotkohl mit Tofu & Walnüssen

Für 4 Portionen   Vorbereitung: 20 Min.   Garzeit: 10 Min.

Zutaten

350 g Weißkohl
350 g Rotkohl
4 EL Erdnussöl
1 EL Walnussöl
2 Knoblauchzehen, zerdrückt
8 Frühlingszwiebeln
225 g fester Tofu, gewürfelt
2 EL Zitronensaft
100 g Walnusskerne
2 TL Dijon-Senf
Salz und Pfeffer
2 TL Mohnsaat, zum Garnieren

Zubereitung

1. Weißkohl und Rotkohl mit einem scharfen Messer in feine Streifen schneiden.
2. Einen Wok auf hoher Stufe 30 Sekunden erhitzen. Die Öle hineingeben, durch Schwenken darin verteilen und 30 Sekunden erhitzen. Knoblauch, Kohl, Frühlingszwiebeln und Tofu darin 5 Minuten unter Rühren anbraten.
3. Zitronensaft, Walnüsse und Senf zufügen und gut unterrühren. Mit Salz und Pfeffer würzen und weitere 5 Minuten pfannenrühren, bis der Kohl knackig gar ist.
4. Den Wokinhalt in eine vorgewärmte Servierschüssel füllen, mit dem Mohn bestreuen und sofort servieren.

Karottensalat indisch

Für 4–6 Portionen

Vorbereitung: 20 Min. plus Kühlzeit

Garzeit: 10 Min.

Zutaten

450 g Karotten

1 EL Rapsöl

½ EL schwarze Senfkörner

½ EL Kreuzkümmelsamen

1 frischer grüner Chili, entkernt und gehackt

½ TL Zucker

½ TL Salz

1 Prise Kurkuma

1½–2 EL Zitronensaft

Zubereitung

1 Die Karotten grob in eine Schüssel raspeln.

2 Einen Wok auf mittlerer bis starker Stufe 30 Sekunden erhitzen. Das Öl hineingeben, durch Schwenken darin verteilen und 30 Sekunden erhitzen. Senfkörner und Kreuzkümmelsamen unter Rühren anbraten, bis die Senfkörner zu platzen beginnen. Den Wok sofort vom Herd nehmen und Chili, Zucker, Salz und Kurkuma einrühren, dann 5 Minuten abkühlen lassen.

3 Die noch warmen Gewürze mit dem Öl über die Karotten geben. Den Zitronensaft zufügen. Die Zutaten vermengen und, falls nötig, nachwürzen. Abgedeckt mindestens 30 Minuten im Kühlschrank ziehen lassen. Den Salat vor dem Servieren nochmals wenden.

Paprika-Radicchio-Salat

Für 4 Portionen | Vorbereitung: 20 Min. | Garzeit: keine

Zutaten

2 rote Paprika

1 Radicchio, in einzelne Blätter geteilt

4 gegarte Rote Beten, in Stifte geschnitten

12 Radieschen, in Scheiben geschnitten

4 Frühlingszwiebeln, in Ringe geschnitten

frisches Brot, zum Servieren

Dressing

4 EL Olivenöl

2 EL Zitronensaft

Salz und Pfeffer

Zubereitung

1 Die Paprika am Stiel aufschneiden, entkernen und in dünne Ringe schneiden. In eine große Schüssel geben.

2 Radicchio, Rote Beten, Radieschen und Frühlingszwiebeln zu den Paprika geben.

3 Für das Dressing Öl und Zitronensaft verrühren und mit Salz und Pfeffer abschmecken. Über den Salat gießen und gut vermengen. Mit frischem Brot servieren.

SATTMACHER MIT HÜLSENFRÜCHTEN

Rucola mit Linsen & Ziegenkäse

Für 1 Portion   Vorbereitung: 20 Min.   Garzeit: 30 Min.

Zutaten

2 EL Puy-Linsen
1 Lorbeerblatt
2 Frühlingszwiebeln, fein gehackt
50 g rote Paprika, in Würfeln
1 EL frisch gehackte Petersilie
100 g Kirschtomaten, halbiert
50 g Rucola
30 g Ziegenfrischkäse, zerkrümelt

Dressing

1 EL natives Olivenöl extra
1 TL Balsamico-Essig
½ TL Honig
1 Knoblauchzehe, zerdrückt
Salz und Pfeffer

Zubereitung

1 Die Linsen abspülen und mit dem Lorbeerblatt in einen mittelgroßen Topf geben. Alles mit reichlich kaltem Wasser bedecken. Zum Kochen bringen, die Hitze reduzieren und die Linsen abgedeckt 20–30 Minuten köcheln lassen.

2 Die Linsen abgießen, in eine Schüssel füllen und abkühlen lassen. Frühlingszwiebeln, Paprika, Petersilie und Tomaten zufügen und gut vermischen.

3 Für das Dressing Öl, Essig, Honig und Knoblauch verquirlen, mit Salz und Pfeffer abschmecken und unter die Linsenmischung heben. Auf einem Rucolabett anrichten und mit Ziegenkäse bestreut servieren.

Grüner Bohnensalat mit Feta

Für 4 Portionen Vorbereitung: 20 Min. Garzeit: 10 Min.

Zutaten

350 g grüne Bohnen

1 rote Zwiebel, gehackt

3–4 EL frisch gehackter Koriander

2 Radieschen, in dünne Scheiben geschnitten

75 g Feta, zerkrümelt

1 TL frisch gehackter oder ½ TL getrockneter Oregano

2 EL Rotwein- oder Obstessig

80 ml Olivenöl

3 vollreife Tomaten, in Spalten geschnitten

Pfeffer

Zubereitung

1 Die Bohnen in einen ausreichend großen Topf füllen und mit kaltem Wasser bedecken. Aufkochen, abdecken und 5–10 Minuten köcheln, bis die Bohnen zart sind. Abschütten und halbieren.

2 Bohnen, Zwiebel, Koriander, Radieschen und Feta in eine große Schüssel geben.

3 Oregano und Pfeffer zugeben. Essig und Öl vermengen, über die Bohnenmischung gießen und unterheben.

4 Die Tomatenspalten zufügen und behutsam vermengen. Den Salat auf einer Servierplatte anrichten und sofort servieren oder bis zum Verzehr kalt stellen.

Kichererbsen-Tomaten-Salat

Für 4 Portionen Vorbereitung: 20 Min. Garzeit: keine

Zutaten

400 g Kichererbsen aus der Dose

250 g vollreife Tomaten

1 rote Zwiebel, in feine Streifen geschnitten

1 Handvoll Basilikum, gehackt, plus ein paar Blätter zum Garnieren

1 Romanasalat, in einzelne Blätter geteilt

frisches Brot, zum Servieren

Dressing

1 grüner Chili, entkernt und fein gehackt

1 Knoblauchzehe, zerdrückt

Saft und Zesten von 2 Bio-Zitronen

2 EL Olivenöl

schwarzer Pfeffer

Zubereitung

1 Für das Dressing alle Zutaten in ein Schraubglas füllen und kräftig schütteln.

2 Die Kichererbsen abspülen und abtropfen lassen und die Tomaten in dünne Spalten schneiden. Beides mit Zwiebel und Basilikum in einer Schüssel vermischen. Das Dressing darübergießen und unterrühren. Die Salatblätter auf vier Servierschalen verteilen. Den Kichererbsensalat darauf anrichten und mit Basilikumblättern garnieren. Mit frischem Brot servieren.

Kartoffel-Thunfisch-Salat mit Linsen

Für 4 Portionen Vorbereitung: 20 Min. Garzeit: 45 Min.

Zutaten

200 g Puy-Linsen oder braune Linsen

2 EL Olivenöl, plus etwas mehr zum Bestreichen

300 g kleine neue Kartoffeln

1 Salatherz

400 g frische Thunfischsteaks

12 Kirschtomaten, halbiert

1 Handvoll Rucola

Dressing

5 EL fruchtiges Olivenöl

1 EL Balsamico-Essig

2 TL Rotweinessig

1 TL Dijon-Senf

1 TL brauner Zucker

Salz und Pfeffer

Zubereitung

1 Die Linsen in einem Topf mit kochendem Wasser garen (25 Minuten oder länger). Abgießen, in eine Schüssel füllen und das Öl unterrühren.

2 Unterdessen die Kartoffeln in einem Topf mit kaltem Wasser bedecken. Zum Kochen bringen, abdecken und 15 Minuten sanft köcheln lassen, bis sie gerade gar sind.

3 Das Salatherz in acht gleich große Stücke schneiden und auf vier Servierteller verteilen.

4 Für das Dressing alle Zutaten in ein kleines Schraubglas füllen und gut schütteln.

5 Wenn die Kartoffeln fast gar sind, eine Grillpfanne leicht mit Öl bestreichen und stark erhitzen. Die Thunfischsteaks darin 1–2 Minuten von jeder Seite braten. Aus der Pfanne heben und in mundgerechte Stücke teilen.

6 Die Kartoffeln abgießen und größere Exemplare zerkleinern. Mit Linsen, Thunfisch und Tomaten auf die vier Teller geben, mit Rucola bestreuen und mit Dressing beträufeln. Sofort servieren.

Süßkartoffel-Bohnen-Salat

Für 4 Portionen Vorbereitung: 30 Min. Garzeit: 15 Min.

Zutaten

1 Süßkartoffel, geschält und in Würfel geschnitten

4 Babykarotten, längs halbiert

4 Tomaten

4 Selleriestangen, in feine Scheiben geschnitten

220 g Borlotti-Bohnen aus der Dose, abgespült und abgetropft

120 g gemischte Salatblätter, z. B. Frisée, Rucola, Radicchio und Eichblattsalat

1 EL Rosinen

4 Frühlingszwiebeln, diagonal in Ringe geschnitten

Dressing

2 EL Zitronensaft

1 Knoblauchzehe, zerdrückt

150 g Naturjoghurt

2 EL Olivenöl

Salz und Pfeffer

Zubereitung

1 Wasser in einem Topf zum Kochen bringen und die Süßkartoffelwürfel bei mittlerer Hitze 10 Minuten garen. Mit einem Schaumlöffel herausnehmen und abtropfen lassen. In eine Schüssel geben.

2 Die Karotten in den Topf geben und 2–3 Minuten garen. Abgießen, abtropfen lassen und zu den Süßkartoffelwürfeln geben. Die Tomaten halbieren, entkernen und das Fruchtfleisch würfeln. Mit Sellerie und Bohnen zu den Süßkartoffeln geben und alles gut miteinander vermengen.

3 Die Salatblätter in eine Salatschüssel geben und den Süßkartoffelsalat darauf anrichten. Mit den Rosinen und den Frühlingszwiebeln bestreuen.

4 Die Dressingzutaten in ein Schraubglas geben und kräftig schütteln. Über den Salat gießen und servieren.

Gemischter Bohnensalat

Für 4 Portionen

Vorbereitung: 15 Min. plus Einweichzeit

Garzeit: 55 Min.

Zutaten

120 g weiße Bohnen, über Nacht in Wasser eingeweicht

Salz

250 g Prinzessbohnen

¼ rote Zwiebel, in dünnen Streifen

12 schwarze Oliven, entsteint

1 EL Schnittlauchröllchen

Dressing

½ EL Zitronensaft

½ TL feiner Senf

6 EL natives Olivenöl extra

Salz und Pfeffer

Zubereitung

1 Die weißen Bohnen abgießen, in einen Topf geben und mit Wasser bedecken. Zum Kochen bringen und etwa 15 Minuten köcheln lassen. Die Hitze leicht reduzieren und weitere 30 Minuten garen. Die Bohnen sollten weich sein, aber nicht zerfallen. In den letzten 5 Minuten etwas Salz zugeben. Die Bohnen abgießen, abtropfen lassen und beiseitestellen.

2 In der Zwischenzeit die grünen Bohnen in einen großen Topf mit kochendem Wasser geben und 8–10 Minuten garen. Sie sollten gar, aber noch bissfest sein. Die Bohnen abgießen, abtropfen lassen und beiseitestellen.

3 Für das Dressing alle Zutaten in einer Schüssel verquirlen.

4 Die noch lauwarmen weißen und grünen Bohnen in eine Servierschüssel geben. Zwiebel, Oliven, Schnittlauch und das Dressing darübergeben. Alles gut vermengen und den Salat auf Teller verteilen. Sofort servieren.

Salat aus dicken Bohnen

Für 4 Portionen   Vorbereitung: 30 Min.   Garzeit: 20 Min.

Zutaten

2,5 kg frische, junge dicke Bohnen in der Hülse, gepalt, oder 425 g Tiefkühlware, aufgetaut

2 Tomaten, gehäutet, entkernt und gewürfelt

3 EL frisch gehacktes Basilikum

4 EL frisch gehobelter Parmesan

Dressing

1 TL Weißweinessig

1 kleine Knoblauchzehe, zerdrückt

4 EL natives Olivenöl extra

Salz und Pfeffer

Zubereitung

1 Die Bohnen in einem Topf mit kochendem Wasser 3 Minuten blanchieren. Unter fließend kaltem Wasser abschrecken, abtropfen lassen und aus den Häuten drücken. Die Bohnenkerne in einen Topf mit etwas Salzwasser geben und bei geringer Hitze 10–15 Minuten (Tiefkühlware 5–10 Minuten) dünsten, bis sie gar und weich sind. Gut abtropfen lassen und in eine große Servierschüssel oder auf vier Servierteller geben.

2 Die Zutaten für das Dressing glatt rühren und über die noch warmen Bohnen gießen.

3 Tomatenwürfel, Basilikum und Parmesan darüberstreuen. Zimmerwarm servieren.

Linsensalat mediterran

Für 4 Portionen Vorbereitung: 30 Min. Garzeit: 50 Min.

Zutaten

2 kleine rote Paprika, geviertelt
2 Zucchini, in dicken Scheiben
2 rote Zwiebeln, geachtelt
400 g Tomaten, halbiert
300 g Baby-Auberginen, längs halbiert
3 Zweige frischer Thymian, Blätter abgezupft
2 Knoblauchzehen, fein gehackt
3 EL Olivenöl
225 g Puy-Linsen
25 g frische glatte Petersilie, grob gehackt
Pfeffer

Dressing

3 EL Hanföl
2 EL Balsamico-Essig
Saft von 1 Zitrone

Zubereitung

1 Den Backofen auf 200 °C vorheizen. Die Paprika mit der Haut nach oben in eine große Bratform legen. Zucchini, Zwiebeln, Tomaten und Auberginen ringsum verteilen.

2 Mit Thymian und Knoblauch bestreuen. Leicht pfeffern und mit dem Olivenöl beträufeln. Im vorgeheizten Ofen 30 Minuten garen, bis das Gemüse weich und an den Rändern gebräunt ist.

3 Die Linsen in einen Topf mit kochendem Wasser geben und darin 20 Minuten gar köcheln. Unter fließend kaltem Wasser abspülen und abtropfen lassen. In eine Salatschüssel füllen und abkühlen lassen.

4 Für das Dressing Hanföl, Balsamico-Essig und Zitronensaft in ein Schraubglas füllen. Pfeffern, zuschrauben und kräftig schütteln.

5 Das Dressing über die Linsen träufeln und unterheben. Die Paprikastücke häuten und in Streifen schneiden. Mit dem restlichen Gemüse unter die Linsen mischen. Den Gemüsesaft aus der Bratform darübergießen. Mit Petersilie garniert sofort servieren.

Bohnensalat mit Tomaten, Ei & Zwiebeln

Für 4 Portionen

Vorbereitung: 20 Min. plus Einweichzeit

Garzeit: 2 Std.

Zutaten

250 g getrocknete Borlotti-Bohnen

2 große Knoblauchzehen, zerdrückt

Saft von 2 Zitronen

6 EL natives Olivenöl extra

1 kleine Zwiebel, fein gehackt

2 Tomaten, entkernt und klein gewürfelt

40 g frische glatte Petersilie, fein gehackt

1 TL zerstoßene Kreuzkümmelsamen

Salz und Pfeffer

Garnierung

4 Eier

1 Zitrone, geviertelt

1 Prise Sumak oder Chiliflocken

Zubereitung

1 Die Bohnen über Nacht einweichen. Abtropfen lassen und in einen großen Topf geben. Mit frischem kaltem Wasser bedecken und 10 Minuten sprudelnd kochen. Das Wasser abgießen und die Bohnen abspülen. Mit frischem kaltem Wasser erneut auf den Herd setzen und 1½–2 Stunden gar köcheln. Bei Bedarf weiteres Wasser zugießen. Die Bohnen abtropfen lassen und in eine flache Servierform füllen.

2 Für die Garnierung die Eier in einem Topf mit Wasser bedecken und 8 Minuten hart kochen. Unter fließend kaltem Wasser abschrecken, schälen und vierteln.

3 Einige Bohnen noch warm in eine Schüssel geben und mit einem Löffelrücken zerdrücken. Mit Knoblauch, Zitronensaft, Olivenöl und 1 Teelöffel Salz glatt rühren. Über die Bohnen geben. Zwiebel, Tomaten, Petersilie und Kreuzkümmel zufügen und alles vermengen. Mit Pfeffer abschmecken. Mit Eiervierteln und Zitronenspalten garnieren. Mit Sumak bestreut sofort servieren.

Bohnen-Pecorino-Salat

Für 6 Portionen | Vorbereitung: 20 Min. | Garzeit: 5 Min.

Zutaten

225 g frische dicke Bohnen, gepalt
5 EL natives Olivenöl extra
2 EL frisch gepresster Zitronensaft
1 EL frisch gehackte Minze
Salz und Pfeffer
175 g junger Pecorino, gewürfelt
90 g Rucola
50 g gereifter Pecorino oder Parmesan, gehobelt, zum Garnieren

Zubereitung

1 Wenn die Bohnen besonders frisch und zart sind, können Sie sie roh servieren, ansonsten sollten sie 5 Minuten in kochendem Wasser gegart werden. Abgießen, unter fließend kaltem Wasser abspülen und abtropfen lassen.

2 Bohnen mit Öl, Zitronensaft, Minze, Salz, Pfeffer und Pecorinowürfeln vermengen.

3 Die Rucolablätter auf Teller verteilen und die Bohnenmischung darübergeben. Mit den Pecorino- oder Parmesanspänen garnieren und servieren.

Bunter Sojabohnensalat mit Nudeln

Für 4 Portionen Vorbereitung: 20 Min. Garzeit: 5 Min.

Zutaten

150 g Soba-Nudeln

200 g TK-Edamame (Sojabohnen, aus dem Asia-Shop)

225 g Brokkoli, in kleinen Röschen, Stiele in Scheiben

1 rote Paprika, in feinen Streifen

1 violette oder orange Paprika, in feinen Streifen

115 g braune Champignons, in feinen Scheiben

85 g Sonnenblumensprossen, zum Garnieren

Dressing

2 EL Reisessig

2 EL Tamari (japanische Sojasauce)

4 EL Reisöl

4-cm-Stück frische Ingwerwurzel, geschält und fein gerieben

Zubereitung

1 Kaltes Wasser in den Boden eines Dämpftopfes füllen und zum Kochen bringen. Nudeln und gefrorene Edamame hineingeben und erneut zum Kochen bringen. Den Brokkoli in den Dämpfeinsatz geben und diesen in den Topf setzen. Bei geschlossenem Deckel 3–5 Minuten dämpfen, bis Nudeln und Gemüse knackig gar sind. Nudeln und Edamame abschrecken und abtropfen lassen. In eine Schüssel geben und den Brokkoli zugeben. Abkühlen lassen.

2 Für das Dressing Essig, Tamari, Öl und Ingwer in ein Schraubglas füllen, zuschrauben und leicht schütteln. Über den Salat träufeln und unterheben.

3 Paprika und Pilze zufügen und ebenfalls unterheben. Auf vier Salatschalen verteilen. Mit den Sonnenblumensprossen garnieren und sofort servieren.

Bohnen-Walnuss-Salat

Für 2 Portionen

Vorbereitung: 20 Min. plus Kühlzeit

Garzeit: 15 Min.

Zutaten

500 g grüne Bohnen

1 kleine Zwiebel, fein gehackt

1 Knoblauchzehe, gehackt

4 EL frisch geriebener Parmesan

2 EL gehackte Walnüsse oder Mandeln, zum Garnieren

Dressing

6 EL Olivenöl

2 EL Weißweinessig

Salz und Pfeffer

2 TL frisch gehackter Estragon

Zubereitung

1 In einem Topf Salzwasser zum Kochen bringen und die Bohnen darin 10 Minuten bissfest garen. Abgießen, unter kaltem Wasser abschrecken und gut abtropfen lassen. In eine Salatschüssel geben und mit Zwiebel, Knoblauch und Parmesan vermengen.

2 Für das Dressing alle Zutaten in einer Schüssel verrühren. Das Dressing über die Bohnen gießen und vorsichtig vermengen. Die Schüssel abdecken und mindestens 30 Minuten im Kühlschrank ziehen lassen. Den Salat 10 Minuten vor dem Servieren aus dem Kühlschrank holen, vermengen und auf Schalen verteilen.

3 Die Nüsse in einer beschichteten Pfanne 2 Minuten anrösten und über den Bohnensalat streuen. Sofort servieren.

Grüner Hülsenfrüchtesalat

Für 4 Portionen Vorbereitung: 30 Min. Garzeit: 5 Min.

Zutaten

200 g TK-Edamame (Sojabohnen, aus dem Asia-Shop)

120 g grüne Bohnen, geputzt

500 g junge Erbsen in der Hülse, sehr flache Hülsen halbiert, ansonsten gepalt

je 50 g Erbsen- und Radieschensprossen, zum Garnieren

Dressing

2 EL Reisöl

2 EL Olivenöl

Saft von 1 Limette

1 TL Agavendicksaft

1 EL frisch geriebener Ingwer

Salz und Pfeffer

Zubereitung

1 Wasser in einem Topf zum Kochen bringen. Edamame und grüne Bohnen darin 2 Minuten blanchieren. Nicht gepalte Erbsen zufügen und 1 Minute mitgaren. Unter fließend kaltem Wasser abschrecken und abtropfen lassen. In eine Salatschüssel geben und die gepalten Erbsen untermischen.

2 Für das Dressing Reisöl, Olivenöl, Limettensaft, Agavendicksaft und Ingwer in ein Schraubglas füllen. Leicht salzen und pfeffern. Zuschrauben und kräftig schütteln.

3 Das Dressing über den Salat träufeln und unterheben. Mit den Erbsen- und Radieschensprossen garnieren und sofort servieren.

Linsensalat mit Ziegenkäse

Für 4 Portionen   Vorbereitung: 30 Min.   Garzeit: 35 Min.

Zutaten

2 EL Olivenöl
2 TL Kreuzkümmelsamen
2 Knoblauchzehen, zerdrückt
2 TL frisch geriebener Ingwer
300 g rote Linsen
700 ml Gemüsebrühe
2 EL frisch gehackte Minze
2 EL frisch gehackter Koriander
2 rote Zwiebeln, in feine Ringe geschnitten
200 g kleine Spinatblätter
1 TL Haselnussöl
150 g Ziegenfrischkäse
4 EL Naturjoghurt
Pfeffer

Zubereitung

1 Die Hälfte des Olivenöls in einem großen Topf erhitzen. Kreuzkümmelsamen, Knoblauch und Ingwer zugeben und unter Rühren 2 Minuten andünsten.

2 Die Linsen zufügen. Die Brühe nach und nach zugießen und gut verrühren. Nach 20 Minuten ist die Brühe vollständig aufgesogen. Den Topf vom Herd nehmen und die Kräuter unterrühren.

3 Währenddessen das restliche Olivenöl in einer Pfanne erhitzen. Die Zwiebeln zugeben und goldbraun dünsten. Beiseitestellen.

4 Spinatblätter und Haselnussöl gründlich vermengen und auf vier Teller verteilen.

5 Den Ziegenkäse in einer Schüssel zerdrücken, mit dem Joghurt vermengen und mit Pfeffer würzen.

6 Linsen und Ziegenkäse auf dem Spinat anrichten, die Zwiebelringe darauf verteilen und servieren.

Sommergemüse mit Graupen

Für 4 Portionen   Vorbereitung: 30 Min.   Garzeit: 20 Min.

Zutaten

1,2 l Gemüsebrühe
150 g Graupen
175 g frisch gepalte dicke Bohnen
150 g junge Erbsen
2 Frühlingszwiebeln, geviertelt
2 Stängel frischer Estragon, Blätter fein gehackt
25 g frische glatte Petersilie, gehackt
25 g Erbsensprossen, zum Garnieren

Dressing

2 EL Leinöl
2 EL Reisöl
1 EL Weißweinessig
1 TL Dijon-Senf
1 TL grob zerstoßene Koriandersamen
¼ TL Chiliflocken
Pfeffer

Zubereitung

1 Die Brühe in den Boden eines Dämpftopfes füllen und zum Kochen bringen. Die Graupen darin 20 Minuten bei geschlossenem Deckel köcheln lassen. Die dicken Bohnen in den Dämpfeinsatz geben und einsetzen. Bei geschlossenem Deckel 5–10 Minuten dämpfen, bis Graupen und Bohnen bissfest sind.

2 Die Graupen abtropfen lassen und in eine Salatschüssel geben. Ein Drittel der dicken Bohnen und rohen Erbsen untermischen. Restliche Bohnen und Erbsen mit Frühlingszwiebeln, Estragon und Petersilie im Mixer fein hacken. Unter die Graupen mischen.

3 Für das Dressing Leinöl, Reisöl, Essig, Senf, Koriandersamen und Chiliflocken in ein Schraubglas füllen. Mit Pfeffer würzen. Zuschrauben und kräftig schütteln. Über den Salat träufeln und unterheben. Auf vier Servierschalen verteilen. Mit den Erbsensprossen garnieren und servieren.

NUDELN, REIS & CO.

Warmer Pastasalat

Für 4 Portionen · Vorbereitung: 20 Min. · Garzeit: 10 Min.

Zutaten

250 g Farfalle oder andere kurze Nudeln

6 getrocknete Tomaten in Olivenöl, abgetropft und gehackt

4 Frühlingszwiebeln, gehackt

50 g Rucola

½ Gurke, entkernt und in Würfel geschnitten

Salz und Pfeffer

Dressing

4 EL Olivenöl

1 EL Weißweinessig

½ TL Zucker

1 TL Dijon-Senf

4 Basilikumblätter, klein gehackt

Salz und Pfeffer

Zubereitung

1 Salzwasser in einem großen Topf zum Kochen bringen und die Nudeln darin 8–10 Minuten bissfest garen. Die Nudeln abgießen, abtropfen lassen und in eine Salatschüssel füllen.

2 Für das Dressing alle Zutaten in eine Schüssel geben und gut verrühren. Über die Nudeln gießen und gut vermengen.

3 Getrocknete Tomaten, Frühlingszwiebeln, Rucola und Gurke unterheben und mit Salz und Pfeffer abschmecken. Den Salat warm servieren.

Ingwer-Nudel-Salat

Für 4 Portionen | Vorbereitung: 30 Min. | Garzeit: 25 Min.

Zutaten

600 g magere Schweineschnitzel

200 g getrocknete chinesische Vollkornnudeln

200 g Chinakohl, in Streifen

120 g Karotten, in feinen Stiften

120 g Zuckererbsen, in Streifen

2 Frühlingszwiebeln, fein gehackt

2-cm-Stück frische Ingwerwurzel, geschält und fein gerieben

Dressing

fein abgeriebene Schale und Saft von ½ Orange

2 EL Sonnenblumenöl

2 EL Sojasauce

1 EL flüssiger Honig

1 EL Reisessig

1 TL gemahlener Sternanis

2 Knoblauchzehen, fein gehackt

Zubereitung

1 Den Backofengrill vorheizen. Ein Backblech mit Alufolie auslegen. Für das Dressing Orangenschale und -saft, Öl, Sojasauce, Honig, Essig, Sternanis und Knoblauch in ein Schraubglas füllen, zuschrauben und kräftig schütteln.

2 Die Schweineschnitzel nebeneinander auf das Backblech legen, mit 3 Esslöffeln Dressing bestreichen und 12–15 Minuten gar grillen. Dabei ein- bis zweimal wenden und erneut mit dem übrigen Dressing bestreichen.

3 Inzwischen die Nudeln nach Packungsangabe gar kochen. Unter fließend kaltem Wasser abschrecken und abtropfen lassen. In eine Salatschüssel geben, mit dem restlichen Dressing mischen und vollständig abkühlen lassen.

4 Chinakohl, Karotten, Zuckererbsen, Frühlingszwiebeln und Ingwer unter die Nudeln heben. Die Schweineschnitzel in feine Streifen schneiden und auf dem Salat anrichten. Sofort servieren.

Reissalat mit Putenbrust

Für 4 Portionen Vorbereitung: 30 Min. Garzeit: 45 Min.

Zutaten

1 l Hühnerbrühe

175 g Langkorn- und Wildreis gemischt

2 EL Sonnenblumen- oder Maiskeimöl

250 g Putenbrustfilets, in feine Streifen geschnitten

250 g Zuckererbsen

120 g Austernpilze, in Stücke geschnitten

50 g Pistazienkerne, gehackt

2 EL frisch gehackter Koriander

1 EL frisch gehackter chinesischer Schnittlauch, plus etwas mehr zum Garnieren

1 EL Balsamico-Essig

Salz und Pfeffer

Zubereitung

1 Von der Hühnerbrühe 4 Esslöffel zurückbehalten, den Rest in einem großen Topf zum Kochen bringen. Den Reis zugeben und in 20–30 Minuten gar kochen. Abgießen, abtropfen und abkühlen lassen.

2 Währenddessen 1 Esslöffel Öl in einem Wok oder einer großen Pfanne mit Deckel erhitzen. Die Putenstreifen darin 4–5 Minuten braten, bis sie durchgegart sind. Mit einem Schaumlöffel herausnehmen und in eine Servierschüssel geben. Zuckererbsen und Pilze in den Wok geben und kurz anbraten. Die zurückbehaltene Brühe zugießen und zum Kochen bringen. Die Hitze reduzieren, den Wok bedecken und alles 3–4 Minuten garen. Das Gemüse zu den Putenstreifen geben.

3 Reis, Pistazien, Koriander, Schnittlauch, restliches Öl und Essig in die Schüssel füllen und vermengen. Mit Salz und Pfeffer abschmecken, mit Schnittlauch garnieren und servieren.

Couscous-Grillhähnchen-Salat

Für 4 Portionen Vorbereitung: 30 Min. Garzeit: 20 Min.

Zutaten

175 g Vollkorncouscous
175 g gegarte Rote Beten, gewürfelt
1 kleine rote Zwiebel, fein gehackt
125 g Kirschtomaten, halbiert
1 Granatapfel, halbiert, Kerne herausgelöst
Saft von 2 Zitronen
2 EL Leinöl
2 EL Olivenöl
4 TL Tomatenmark
2 EL grob gehackte frische Minze
1 TL grob zerstoßene schwarze Pfefferkörner
500 g kleine Hähnchenbrustfilets, in Scheiben
Salz und Pfeffer

Zubereitung

1 Den Couscous in eine hitzebeständige Salatschüssel geben. Knapp mit kochendem Wasser bedecken und zugedeckt 6–8 Minuten quellen lassen. Rote Beten, Zwiebel, Tomaten und Granatapfelkerne zufügen.

2 Für das Dressing Saft einer Zitrone, Leinöl, die Hälfte des Olivenöls und des Tomatenmarks in ein Schraubglas füllen. Salzen und pfeffern. Zuschrauben und kräftig schütteln. Das Dressing über den Salat träufeln und die Minze zufügen.

3 Restlichen Zitronensaft, Olivenöl und Tomatenmark mit dem Pfeffer in einen Gefrierbeutel geben, zudrehen und kräftig schütteln. Das Hähnchenfleisch hineingeben, den Beutel schließen und schütteln, bis die Scheiben gleichmäßig überzogen sind.

4 Eine gerippte Grillpfanne stark erhitzen. Das Fleisch darin, gegebenenfalls portionsweise, 10 Minuten unter ein- bis zweimaligem Wenden gar braten. Zur Probe ein Stück durchschneiden; es darf in der Mitte nicht mehr rosa sein, und der Fleischsaft muss klar aussehen. Auf dem Salat anrichten und sofort servieren.

Nudelsalat mit Paprika

Für 4 Portionen Vorbereitung: 30 Min. Garzeit: 25 Min.

Zutaten

1 rote Paprika
1 orangefarbene Paprika
300 g Conchiglie (Muschelnudeln)
5 EL natives Olivenöl extra
2 EL Zitronensaft
2 EL Pesto
1 Knoblauchzehe, zerdrückt
3 EL frisch gezupfte Basilikumblätter
Salz und Pfeffer

Zubereitung

1 Den Backofengrill vorheizen. Die ganzen Paprika auf ein Backblech legen und 15 Minuten grillen, dabei mehrmals wenden, bis sie rundum gebräunt sind. Die Paprika in einen Plastikbeutel legen und beiseitestellen.

2 Unterdessen in einem großen Topf leicht gesalzenes Wasser aufkochen und die Nudeln darin 8–10 Minuten al dente kochen.

3 Olivenöl, Zitronensaft, Pesto und Knoblauch in einer Schüssel verquirlen. Die Nudeln abgießen und noch heiß mit der Pestomischung verrühren.

4 Von den abgekühlten Paprika die Haut abziehen, die Paprika aufschneiden und die Kerne entfernen. Das Fruchtfleisch grob hacken und mit dem Basilikum zu den Nudeln geben. Mit Salz und Pfeffer abschmecken und alles gut vermengen. Warm servieren.

Vollkornnudelsalat mit Ofentomaten

Für 4 Portionen   Vorbereitung: 30 Min.   Garzeit: 55 Min.

Zutaten

600 g Tomaten in unterschiedlichen Farben und Größen, halbiert

2 Knoblauchzehen, fein gehackt

6 EL Olivenöl

225 g Vollkornpasta

85 g Babyspinat

Salz und Pfeffer

Pesto

50 g frisches Basilikum, plus etwas mehr zum Garnieren

25 g Pinienkerne

25 g Parmesan, fein gerieben, plus etwas gehobelter Parmesan zum Garnieren

Zubereitung

1 Den Backofen auf 160 °C vorheizen. Die Tomaten mit der Schnittseite nach oben in eine Bratform setzen. Mit dem Knoblauch bestreuen und mit 2 Esslöffeln Olivenöl beträufeln. Großzügig salzen und pfeffern. Im vorgeheizten Ofen 40–45 Minuten garen, bis die Tomaten weich sind und zu bräunen beginnen. Abkühlen lassen, dann größere Exemplare halbieren.

2 Inzwischen die Pasta in einem großen Topf Salzwasser nach Packungsangabe bissfest garen. Mit kaltem Wasser abschrecken, abtropfen und abkühlen lassen.

3 Für das Pesto alle Zutaten sowie 25 g Spinat und das restliche Olivenöl im Mixer glatt pürieren. Die Mischung mit Salz und Pfeffer abschmecken.

4 Pasta und Pesto in einer Salatschüssel vermengen. Die restlichen Spinatblätter unterheben. Die Ofentomaten zufügen. Mit dem Saft aus der Form beträufeln. Locker unterheben. Mit Parmesanspänen und Basilikum garnieren und sofort servieren.

Thailändischer Nudelsalat

Für 4 Portionen

Vorbereitung: 30 Min. plus Einweichzeit

Garzeit: 5 Min.

Zutaten

25 g getrocknete Wolkenohrpilze (Mu-err-Pilze)

50 g getrocknete Shiitake-Pilze

120 g Glasnudeln

120 g gebratenes mageres Schweinehackfleisch

120 g ausgelöste rohe Garnelen

5 frische rote Chilis, entkernt und in feine Ringe geschnitten

1 EL frisch gehackter Koriander

3 EL thailändische Fischsauce

3 EL Limettensaft

1 EL brauner Zucker

Zubereitung

1 Wolkenohrpilze und Shiitake-Pilze in je eine Schale geben, mit heißem Wasser übergießen und 30 Minuten quellen lassen. Die Glasnudeln in eine Schüssel geben, mit heißem Wasser bedecken und 10 Minuten oder nach Packungsanweisung einweichen.

2 Die Pilze abgießen und abtropfen lassen. Die Wolkenohrpilze in Stücke schneiden, bei den Shiitake-Pilze die Stiele entfernen und die Kappen halbieren.

3 Den Boden eines Topfes mit Wasser bedecken und das Wasser zum Kochen bringen. Hackfleisch, Garnelen und Pilze hineingeben und unter Rühren 3 Minuten köcheln lassen, bis die Garnelen gar sind. Abgießen und kurz abtropfen lassen. Die Glasnudeln ebenfalls abgießen und abtropfen lassen, dann mit einer Küchenschere in kurze Stücke schneiden.

4 Chilis, Koriander, Fischsauce, Limettensaft und Zucker in einer Salatschüssel verrühren, bis sich der Zucker aufgelöst hat. Glasnudeln und Garnelen-Hackfleisch-Mischung zugeben und gut vermengen. Sofort servieren.

Nudel-Wurst-Salat

Für 2–3 Portionen Vorbereitung: 20 Min. Garzeit: 15 Min.

Zutaten

125 g Conchiglie (Muschelnudeln)

2 EL natives Olivenöl extra

1 Zwiebel, gehackt

2 Knoblauchzehen, zerdrückt

1 kleine gelbe Paprika, in feine Streifen geschnitten

175 g pikante Wurst, z. B. Chorizo oder Peperonisalami, gehäutet und in Scheiben geschnitten

2 EL Rotwein

1 EL Rotweinessig

125 g gemischte Salatblätter

Salz

Zubereitung

1 In einem großen Topf leicht gesalzenes Wasser aufkochen. Die Conchiglie darin mit 1 Esslöffel Olivenöl al dente kochen. Abgießen, unter kaltem Wasser abschrecken und abtropfen lassen.

2 Das restliche Olivenöl in einem Topf erhitzen und die Zwiebel darin bei schwacher Hitze glasig dünsten. Knoblauch, Paprika und Wurstscheiben zugeben und 3–4 Minuten dünsten, dabei gelegentlich umrühren.

3 Wein, Essig und Nudeln unterrühren und kurz stark erhitzen.

4 Die Salatblätter auf Tellern anrichten, Nudelmischung darübergeben und nach Belieben mit Salz bestreuen. Sofort servieren.

Rohkost mit Tofu & Buchweizennudeln

Für 2 Portionen Vorbereitung: 30 Min. Garzeit: 15 Min.

Zutaten

200 g Buchweizennudeln

250 g fester geräucherter Tofu

200 g Weißkohl, gehobelt

250 g Karotten, geraspelt

3 Frühlingszwiebeln, diagonal in dünne Streifen geschnitten

1 frischer roter Chili, entkernt und in feine Ringe geschnitten

2 EL Sesamsaat, leicht geröstet

Dressing

1 TL frisch geriebener Ingwer

1 Knoblauchzehe, zerdrückt

175 g Seidentofu

4 TL Sojasauce

2 EL Sesamöl

Salz

Zubereitung

1 Die Nudeln in einen Topf mit kochendem Salzwasser geben und nach Packungsanweisung gar kochen. Abgießen, unter fließend kaltem Wasser abschrecken und abtropfen lassen.

2 Für das Dressing alle Zutaten plus 4 Esslöffel heißes Wasser in eine Schüssel geben und cremig rühren.

3 Den geräucherten Tofu 5 Minuten in einem Dämpftopf oder dem Dämpfeinsatz des Woks dämpfen und anschließend in dünne Scheiben schneiden.

4 Kohl, Karotten, Frühlingszwiebeln und Chili in einer großen Schüssel mischen. Die Nudeln auf einer Servierplatte verteilen und die Kohlmischung darübergeben. Die Tofuscheiben darauf anrichten und das Dressing darübergießen. Mit der Sesamsaat bestreuen und servieren.

Asiatischer Reissalat mit Thunfisch

Für 6 Portionen   Vorbereitung: 30 Min.   Garzeit: 20 Min.

Zutaten

55 g Wildreis

200 g Langkornreis

70 g Salatgurke, gewürfelt

85 g kleine Champignons, geviertelt

25 g frischer Koriander, grob gehackt

200 g Thunfisch in Wasser, abgetropft und zerteilt

125 grüner Spargel, geputzt

50 g Zuckererbsen, in feinen Streifen

Dressing

fein abgeriebene Schale und Saft von 1 Bio-Limette

2-cm-Stück frische Ingwerwurzel, geschält und fein gerieben

3 EL helle Sojasauce

2 EL süße Chilisauce

Zubereitung

1 Den Wildreis in einen Topf mit kochendem Wasser geben und ohne Deckel 10 Minuten garen. Den Langkornreis zufügen und 8–10 Minuten mitgaren, bis alle Körner weich sind. Unter fließend kaltem Wasser abschrecken und abtropfen lassen. In eine Salatschüssel geben.

2 Gurke, Pilze und Koriander zufügen und untermischen. Den Thunfisch darauf verteilen.

3 Für das Dressing alle Zutaten in eine Schale geben und mit einer Gabel verquirlen. Über den Salat träufeln und untermischen.

4 Die Spargelstangen auf ein Schneidebrett legen und mit einem Gemüseschäler in lange, dünne Streifen schneiden.

5 Den Salat auf vier Servierteller verteilen. Spargel und Zuckererbsen darauf anrichten und sofort servieren.

Reissalat mit Roter Bete

Für 4 Portionen   Vorbereitung: 30 Min.   Garzeit: 55 Min.

Zutaten

450 g Rote Beten, geschält und in 2 cm großen Würfeln

450 g Butternusskürbisfleisch, in 2 cm dicken Würfeln

4 EL Olivenöl

100 g brauner Basmatireis

100 g roter Camargue-Reis

100 g Dinkel

Salz und Pfeffer

120 g junge Rote-Bete-Blätter, zum Garnieren

Dressing

1 EL Leinöl

2 EL Rotweinessig

½ TL geräuchertes scharfes Paprikapulver (Pimentón)

1 TL Fenchelsamen, grob zerstoßen

2 TL Tomatenmark

Zubereitung

1 Den Backofen auf 200 °C vorheizen. Rote Beten und Kürbis in eine Bratform geben und mit der Hälfte des Olivenöls beträufeln. Leicht salzen und pfeffern. Im Ofen 30 Minuten garen.

2 Inzwischen beide Reissorten in einen Topf mit kochendem Wasser geben und ohne Deckel 15 Minuten kochen. Den Dinkel untermischen und weitere 10 Minuten kochen, bis alle Körner gar sind. Das Wasser abgießen, die Reismischung abschrecken und abtropfen lassen. In eine Salatschüssel füllen.

3 Für das Dressing alle Zutaten sowie das restliche Olivenöl in ein Schraubglas füllen. Salzen und pfeffern. Zuschrauben und kräftig schütteln. Über die Reismischung träufeln und unterheben.

4 Das Ofengemüse auf der Reismischung verteilen und abkühlen lassen. Dann unterheben und mit den Rote-Bete-Blättern garnieren. Sofort servieren.

Weizen-Gojibeeren-Salat

Für 4 Portionen Vorbereitung: 20 Min. Garzeit: 30 Min.

Zutaten

600 ml Gemüsebrühe
150 g Zartweizen
40 g getrocknete Gojibeeren
2 Karotten
115 g Grünkohl, in Streifen

Dressing

55 g Haselnüsse, grob gehackt
2 EL Sesamsaat
2 EL Sonnenblumenkerne
2 EL Sojasauce
2 EL Sesamöl
Saft von ½ Orange

Zubereitung

1 Die Brühe in einem Topf zum Kochen bringen. Den Zartweizen zufügen und 25 Minuten gar köcheln. Gut abtropfen lassen und mit den Gojibeeren in eine Salatschüssel geben.

2 Für das Dressing Haselnüsse, Sesam und Sonnenblumenkerne in einer Pfanne bei mittlerer bis starker Hitze 3–4 Minuten trocken rösten, bis sie goldbraun sind. Die Pfanne vom Herd nehmen, die Sojasauce zufügen und 1 Minute abkühlen lassen. Sesamöl und Orangensaft unterrühren. Die Hälfte des Dressings über den Zartweizen geben und untermischen. Abkühlen lassen.

3 Die Karotten mit einem Gemüseschäler in lange, feine Streifen schneiden. Mit dem Grünkohl unter den Salat mischen. Mit dem restlichen Dressing beträufeln und sofort servieren.

Quinoasalat mit Omletteröllchen

Für 4 Portionen   Vorbereitung: 45 Min.   Garzeit: 25 Min.

Zutaten

900 ml Gemüsebrühe

225 g Quinoa

1 Zucchini, geraspelt

1 Karotte, geraspelt

200 g rohe Rote Beten, geraspelt

Dressing

fein abgeriebene Schale und Saft von 1 Zitrone

2 EL helle Sojasauce

25 g frischer Koriander, fein gehackt

Salz und Pfeffer

Omelett

4 Eier

1 kleiner roter Chili, entkernt und fein gehackt

2 EL grob gehackter Koriander

2 TL Sonnenblumenöl

Zubereitung

1 Die Brühe in einem Topf zum Kochen bringen. Die Quinoa darin 10–12 Minuten köcheln lassen, bis die Samen glasig sind. Abtropfen und zusammen mit Zucchini, Karotte und Roten Beten in eine Salatschüssel füllen. Abkühlen lassen.

2 Für das Dressing Zitronenschale und -saft sowie Sojasauce in einer Schale mit einer Gabel verrühren. Den Koriander zufügen. Mit etwas Salz und Pfeffer abschmecken.

3 Für das Omelett die Eier in eine Schüssel schlagen. Chili, Koriander und 2 Esslöffel Wasser zufügen. Salzen und pfeffern und alles mit einer Gabel verquirlen. 1 Teelöffel Öl in einer Pfanne erhitzen. Die Hälfte der Eiermischung hineingießen und bei mittlerer Hitze 4–5 Minuten garen, bis die Unterseite goldbraun und das Omelett gestockt. Dabei mit einer Gabel gestocktes Ei in die Mitte ziehen. Die Ränder von der Pfanne lösen und das Omelett auf ein Schneidebrett gleiten lassen, aufrollen und 5 Minuten abkühlen lassen. Mit der restlichen Eiermasse ebenso verfahren. Die Rollen in mehrere schmale Scheiben schneiden und auf dem Salat anrichten.

Reissalat mit Cranberrys & Pute

Für 4 Portionen Vorbereitung: 30 Min. Garzeit: 30 Min.

Zutaten

150 g brauner Basmatireis

40 g Wildreis

250 g Putenbrustschnitzel

40 g getrocknete Cranberrys

3 Frühlingszwiebeln, fein gehackt

200 g Tomaten, gewürfelt

1 kleine rote Paprika, in Stücken

Salz und Pfeffer

55 g Rucola, zum Garnieren

40 g sehr dünn aufgeschnittener magerer Kochschinken, in Streifen, zum Garnieren

Dressing

1½ EL Cranberrysauce

1½ EL Sherry-Essig

fein abgeriebene Schale und Saft von 1 kleinen Bio-Zitrone

1 TL Dijon-Senf

Zubereitung

1 Kaltes Wasser in den Boden eines Dämpftopfs füllen und zum Kochen bringen. Basmati- und Wildreis zufügen und erneut zum Kochen bringen. Das Putenfleisch in den Dämpfeinsatz geben. Salzen und pfeffern. In den Topf einsetzen und bei geschlossenem Deckel 15 Minuten dämpfen, bis das Fleisch gar ist. Zur Probe ein Fleischstück durchschneiden; es darf nicht mehr rosa sein, und der Fleischsaft muss klar aussehen. Das Fleisch herausnehmen und den Reis weitere 5–10 Minuten gar dämpfen.

2 Das Putenfleisch würfeln und mit den Cranberrys in eine Schüssel geben. Den Reis abschrecken und abtropfen lassen, dann ebenfalls in die Schüssel geben.

3 Für das Dressing die Cranberrysauce in einen kleinen Topf geben und bei kleiner Hitze verflüssigen. Den Topf vom Herd nehmen und Essig, Zitronenschale und -saft, Senf und etwas Salz und Pfeffer mit einer Gabel unterrühren. Über den Salat träufeln und abkühlen lassen.

4 Frühlingszwiebeln, Tomaten und Paprika unterheben. Den Salat auf vier Servierteller verteilen. Mit Rucola und Schinken garnieren und sofort servieren.

Hafer-Taboulé

Für 4 Portionen   Vorbereitung: 30 Min.   Garzeit: 30 Min.

Zutaten

1,2 l Gemüsebrühe

175 g ganze Haferkörner

4 Frühlingszwiebeln

300 g grüner Spargel

1 Zucchini, in diagonalen Scheiben

25 g frische Minze, grob gehackt

Dressing

fein abgeriebene Schale und Saft von 1 Bio-Zitrone

1 EL Hanföl

3 EL Olivenöl

je 1 TL fein zerstoßene Kreuzkümmelsamen und Koriandersamen

Pfeffer

Zubereitung

1 Die Brühe in einem Topf zum Kochen bringen und die Haferkörner darin 25 Minuten köcheln lassen, bis sie weich und aufgeplatzt sind. Abtropfen lassen, in eine Salatschüssel füllen und abkühlen lassen.

2 Für das Dressing Zitronenschale und -saft, Hanföl, Olivenöl, Kreuzkümmel- und Koriandersamen in ein Schraubglas füllen. Leicht mit Pfeffer würzen. Zuschrauben und kräftig schütteln.

3 Eine Grillpfanne stark erhitzen. Frühlingszwiebeln, Spargel und Zucchini in eine Schüssel geben. Die Hälfte des Dressings darüberträufeln und unterheben. In die heiße Pfanne geben und 2–3 Minuten unter gelegentlichem Wenden anbraten, bis das Gemüse beginnt, weich zu werden und Grillstreifen bekommt. Abkühlen lassen, dann auf ein Schneidebrett geben und in mundgerechte Stücke schneiden.

4 Das restliche Dressing unter den Hafer mischen. Abgekühltes Gemüse und Minze zugeben und unterheben. Auf vier Servierschalen aufteilen und servieren.

Warmer Quinoasalat mit Kürbis

Für 2 Portionen

Vorbereitung: 20 Min. plus Quellzeit

Garzeit: 40 Min.

Zutaten

100 g Quinoa, abgespült

200 g Kürbisfleisch, in mundgerechte Würfel geschnitten

4 EL Olivenöl

1 Prise Cayennepfeffer

20 g Pinienkerne

25 g frische gehackte glatte Petersilie

20 g Babyspinat

Saft von ¼ Zitrone, plus Zitronenspalten zum Servieren

Meersalz und Pfeffer

Zubereitung

1 Den Backofen auf 180 °C vorheizen. Die Quinoa mit 350 ml kaltem Wasser in einen Topf geben und zum Kochen bringen. Dann mit aufgesetztem Deckel auf niedrigster Stufe etwa 10 Minuten garen. Den Topf vom Herd nehmen und die Quinoa mit geschlossenem Deckel weitere 7 Minuten quellen lassen. Mit einer Gabel auflockern.

2 Inzwischen den Kürbis in einer großen Bratform mit 2 Esslöffeln Öl, Cayennepfeffer und einer Prise Salz sorgfältig vermengen. Im Ofen 25 Minuten garen, bis die Kürbiswürfel an den Rändern braun und weich werden. In eine große Schüssel geben.

3 Die Pinienkerne in einer Pfanne ohne Fettzugabe bei starker Hitze unter ständigem Rühren rösten, bis sie leicht gebräunt sind. Zum Kürbis geben. Quinoa, Petersilie und Spinat vorsichtig unterheben. Mit Salz und Pfeffer würzen.

4 Den Salat auf zwei Tellern anrichten. Mit dem restlichen Öl und dem Zitronensaft beträufeln. Sofort mit Zitronenspalten zum Beträufeln servieren.

Getreidesalat

Für 4 Portionen Vorbereitung: 30 Min. Garzeit: 25 Min.

Zutaten

700 ml Gemüsebrühe

40 g Wildreis

115 g Bulgur

115 g Quinoa

2 EL Olivenöl

2 kleine Zucchini, in schrägen Scheiben

4 Frühlingszwiebeln, längs halbiert

Saft von ½ Zitrone

1 TL grob zerstoßene Kreuzkümmelsamen

25 g frische glatte Petersilie, grob gehackt

50 g Sprossenmix, zum Garnieren

Salz und Pfeffer

Dressing

fein abgeriebene Schale und Saft von ½ Bio-Zitrone

fein abgeriebene Schale und Saft von 1 Bio-Limette

1 TL flüssiger Honig

2 EL Olivenöl

Zubereitung

1 Die Brühe in einem Topf zum Kochen bringen. Den Reis hineingeben und 5 Minuten köcheln lassen. Den Bulgur zufügen und weitere 5 Minuten garen. Zuletzt die Quinoa zugeben und 10–12 Minuten köcheln lassen, bis alle Getreidesorten gar sind. Abtropfen lassen und in eine Salatschüssel geben.

2 Für das Dressing Zitronenschale und -saft, Limettenschale und -saft, Honig und Olivenöl in ein Schraubglas füllen. Salzen und pfeffern. Zuschrauben und kräftig schütteln. Über das Getreide träufeln und unterheben. Abkühlen lassen.

3 Inzwischen Zucchini und Zwiebeln mit Olivenöl, Zitronensaft und Kreuzkümmel mischen. Mit etwas Salz und Pfeffer würzen.

4 Eine gerippte Grillpfanne stark erhitzen. Zucchini und Zwiebeln darin 1–2 Minuten von jeder Seite braun anbraten. Auf einen Teller heben und abkühlen lassen. Das Gemüse in kleinere Stücke schneiden und zum Getreide geben. Die Petersilie untermischen. Mit den Sprossen garnieren und sofort servieren.

Quinoasalat mit Fenchel & Orange

Für 4 Portionen Vorbereitung: 30 Min. Garzeit: 15 Min.

Zutaten

900 ml Gemüsebrühe

225 g Quinoa, abgespült und abgetropft

3 Orangen

250 g Fenchel, in feine Scheiben gehobelt, Fenchelgrün in kleine Stücke geteilt und zum Garnieren

2 Frühlingszwiebeln, fein gehackt

15 g frische glatte Petersilie, grob gehackt

Dressing

Saft von ½ Zitrone

3 EL Olivenöl

Pfeffer

Zubereitung

1 Die Brühe in einem Topf zum Kochen bringen und die Quinoa darin 10–12 Minuten köcheln lassen, bis sie glasig wird. Abtropfen, in eine Salatschüssel füllen und abkühlen lassen.

2 Von zwei Orangen die Schale fein abreiben und in ein Schraubglas füllen. Alle drei Orangen großzügig schälen, sodass auch die weiße Innenhaut entfernt wird, und filetieren. Die Orangenreste auspressen und den Saft im Schraubglas auffangen.

3 Orangenfilets, Fenchel, Frühlingszwiebeln und Petersilie unter die Quinoa mischen.

4 Für das Dressing Zitronensaft und Öl in das Schraubglas füllen. Leicht mit Pfeffer würzen. Zuschrauben und kräftig schütteln. Über den Salat träufeln und unterheben. Den Salat mit Fenchelgrün garnieren und sofort servieren.

FLEISCH & WURST MAL ANDERS

Roastbeefsalat

Für 4 Portionen | Vorbereitung: 30 Min. | Garzeit: 50 Min.

Zutaten

750 g Roastbeef oder Rinderfilet
Salz und Pfeffer
2 TL Worcestersauce
3 EL Olivenöl
400 g grüne Bohnen
100 g Orecchiette (Öhrchennudeln)
2 rote Zwiebeln, in dünne Ringe geschnitten
1 großer Radicchio, in Streifen geschnitten
50 g grüne Oliven, entsteint
50 g geschälte ganze Haselnüsse

Dressing

1 TL Dijon-Senf
2 EL Weißweinessig
5 EL Olivenöl
Salz und Pfeffer

Zubereitung

1 Den Backofen auf 220 °C vorheizen. Das Fleisch mit wenig Salz, Pfeffer und Worcestersauce einreiben. Die Hälfte des Öls in einem Bräter erhitzen und das Fleisch von allen Seiten kurz anbraten. In den Ofen schieben und 30 Minuten braten. Das Fleisch aus der Form nehmen und abkühlen lassen.

2 In einem großen Topf Salzwasser zum Kochen bringen und die Bohnen darin 10 Minuten bissfest garen. Herausnehmen und unter fließend kaltem Wasser abschrecken. Abtropfen lassen und in eine große Schüssel geben.

3 Das Wasser erneut zum Kochen bringen und die Nudeln darin al dente garen. Abgießen und abtropfen lassen. Das restliche Öl in den Topf geben und die Nudeln darin schwenken.

4 Nudeln, Zwiebeln, Radicchio, Oliven und Haselnüsse mit den Bohnen vermengen und auf einer Servierplatte anrichten. Die Zutaten für das Dressing verrühren und über den Salat gießen.

5 Das Fleisch in dünne Scheiben schneiden und auf dem Salat verteilen. Sofort servieren.

Waldorfsalat mit Rinderfilet

Für 4 Portionen Vorbereitung: 30 Min. Garzeit: 10 Min.

Zutaten

2 Rinderfiletsteaks (à 200 g), etwa 2,5 cm dick

Oliven- oder Sonnenblumenöl, zum Einfetten

Pfeffer

1 EL körniger Senf

150 ml Mayonnaise

1 EL Zitronensaft

500 g Äpfel

4 Selleriestangen, in feine Scheiben geschnitten

50 g Walnusskerne, grob gehackt

100 g gemischte grüne Salatblätter

Vollkornbaguette, zum Servieren

Zubereitung

1 Eine große Pfanne auf mittlerer Stufe erhitzen. Die Steaks von beiden Seiten mit etwas Öl bestreichen und mit Pfeffer würzen. In die heiße Pfanne legen und unter häufigem Wenden 6–7 Minuten (englisch) oder 8–10 Minuten (medium) braten; dabei noch ein- bis zweimal mit Öl bestreichen. Die Steaks aus der Pfanne nehmen und ruhen lassen.

2 In der Zwischenzeit Senf und Mayonnaise in einer Schüssel verrühren. Den Zitronensaft in eine große Schüssel geben. Die Äpfel schälen, entkernen, in Würfel schneiden und im Zitronensaft wenden. Mayonnaisemischung, Sellerie und Walnüsse zugeben und alles gründlich vermengen.

3 Die Salatblätter auf vier Teller verteilen und den Waldorfsalat darauf anrichten. Die Steaks in Scheiben schneiden und auf dem Waldorfsalat verteilen. Sofort mit Baguette servieren.

Gemischte Aufschnitt-Antipasti

Für 4 Portionen   Vorbereitung: 20 Min.   Garzeit: keine

Zutaten

1 Cantaloupemelone

50 g italienische Salamischeiben

8 Scheiben Prosciutto

8 Scheiben Bresaola

8 Scheiben Mortadella

4 Eiertomaten, in dünne Scheiben geschnitten

4 reife Feigen, geviertelt

50 g schwarze Oliven, entsteint

2 EL frisch gehackte Basilikumblätter

frisch gemahlener schwarzer Pfeffer

4 EL natives Olivenöl extra

Zum Servieren

natives Olivenöl extra

1 Ciabatta, in Scheiben geschnitten

Zubereitung

1. Die Melone halbieren, die Kerne herauskratzen und das Fruchtfleisch in acht Spalten schneiden. Die Spalten nebeneinander am Rand einer großen Servierplatte platzieren.
2. Salami-, Prosciutto-, Bresaola- und Mortadellascheiben locker falten und nebeneinander unterhalb der Melonenspalten anrichten. Tomatenscheiben und Feigenviertel in der Mitte der Servierplatte arrangieren.
3. Oliven, Basilikum und Pfeffer darübergeben und alles mit Olivenöl beträufeln. Mit Ciabattascheiben und Olivenöl servieren.

Rindfleischsalat scharf-sauer

Für 4 Portionen Vorbereitung: 40 Min. Garzeit: 5 Min.

Zutaten

1 TL schwarze Pfefferkörner
1 TL Koriandersamen
1 getrockneter kleiner roter Chili
¼ TL Fünf-Gewürze-Pulver
250 g Rinderfilet
1 EL dunkle Sojasauce
6 Frühlingszwiebeln
1 Karotte
¼ Salatgurke
8 Radieschen
1 rote Zwiebel
¼ Chinakohl
2 EL Erdnussöl
1 Knoblauchzehe, zerdrückt
1 TL fein gehacktes Zitronengras
1 EL frisch gehackte Minzeblätter
1 EL frisch gehackte Korianderblätter

Dressing

3 EL Limettensaft
1 EL helle Sojasauce
2 TL Palmzucker
1 TL Sesamöl

Zubereitung

1 Pfeffer, Koriander und Chili im Mörser mahlen, mit dem Fünf-Gewürze-Pulver mischen und auf einem Teller verteilen. Das Fleisch mit Sojasauce einpinseln und in den Gewürzen wenden.

2 Die Frühlingszwiebeln in 5 cm lange Stücke, dann in feine Streifen schneiden. Die Streifen zum Aufrollen in Eiswasser legen. Gut abtropfen lassen.

3 Die Karotte schälen und schräg in dünne Scheiben schneiden. Die Gurke längs halbieren, Kerne ausschaben und das Fleisch in dünne Scheiben schneiden. Die Radieschen putzen und nach Belieben zu Blüten schneiden.

4 Die Zwiebel in Ringe schneiden. Den Chinakohl in Streifen schneiden. Alle Gemüsesorten mischen.

5 Das Erdnussöl in einer Pfanne erhitzen. Knoblauch und Zitronengras darin hellbraun braten. Das Fleisch zugeben und unter Wenden 3–4 Minuten anbraten. Aus der Pfanne nehmen.

6 Das Fleisch in Streifen schneiden und mit dem Salat mischen. Minze und Koriander unterheben. Die Zutaten für das Dressing in der Pfanne miteinander verrühren, dann über den Salat geben und sofort servieren.

Rindfleisch mit knackigem Gemüse

Für 4 Portionen   Vorbereitung: 30 Min.   Garzeit: 10 Min.

Zutaten

½ Eisbergsalat, in mundgerechten Stücken

200 g Radieschen, in feinen Scheiben

4 Schalotten, in feinen Ringen

80 g Grünkohl, in mundgerechten Stücken

2 EL getrocknete Gojibeeren

25 g frische Minze, grob gehackt

25 g frischer Koriander, grob gehackt

2 Rinderfiletsteaks (à 250 g), pariert

4 EL Sonnenblumenöl

Saft von 1 Limette

1 EL Sojasauce

Salz und Pfeffer

Zubereitung

1 Salat, Radieschen, Schalotten, Kohl, Gojibeeren und Kräuter in einer großen Salatschüssel mischen.

2 Eine gerippte Grillpfanne stark erhitzen. Die Steaks mit 1 Esslöffel Öl bestreichen und mit Salz und Pfeffer würzen. In der heißen Pfanne von jeder Seite nach Belieben 2 Minuten (englisch), 3 Minuten (medium) oder 4 Minuten (durchgegart) braten. Die Steaks auf einem Teller einige Minuten ruhen lassen.

3 Inzwischen für das Dressing Limettensaft, Sojasauce und restliches Öl in ein Schraubglas füllen, zuschrauben und kräftig schütteln. Über den Salat träufeln und unterheben.

4 Den Salat auf vier Servierschalen verteilen. Die Steaks in dünne Streifen schneiden und auf dem Salat anrichten. Sofort servieren.

Carpaccio mit Sardellen-Mayonnaise

Für 4 Portionen   Vorbereitung: 30 Min.   Garzeit: keine

Zutaten

300 g Rinderfilet, hauchdünn geschnitten

2 EL kleine Kapern in Lake, abgetropft und trocken getupft

1 EL sehr fein gehackte Schalotte

Salz und Pfeffer

frische, fein gehackte glatte Petersilie, zum Garnieren

Mayonnaise

6 Sardellenfilets in Öl, abgetropft und 1 TL des Öls aufbewahrt

1 Eigelb, zimmerwarm

1 TL Zitronensaft

125 ml natives Olivenöl extra

Salz und Pfeffer

Zubereitung

1 Für die Mayonnaise die Sardellenfilets auf einem Küchenbrett fein hacken, mit der Messerspitze zu einer Paste zerdrücken und beiseitestellen. Eigelb, die Hälfte des Zitronensaftes und Pfeffer in eine Schüssel geben. Mit einem Stabmixer oder einem Schneebesen verquirlen. Dann das Olivenöl Tropfen für Tropfen zufügen, während der Mixer weiterläuft, bis die Mayonnaise eine dickliche Konsistenz bekommt.

2 Das Sardellenöl untermixen, dann langsam das restliche Olivenöl in kleinem, beständigem Strahl zugießen und mixen, bis die Mischung dick wird. Die Sardellen untermixen. Abschmecken und, falls gewünscht, den restlichen Zitronensaft beimischen, mit Salz und Pfeffer würzen. Langsam kochendes Wasser unterschlagen, bis die Mayonnaise zäh vom Löffelrücken tropft. In eine Schüssel füllen, abdecken und kalt stellen, bis sie benötigt wird (maximal 3 Tage im Kühlschrank).

3 Die dünnen Rindfleischscheiben auf einer Servierplatte anrichten. Kapern und Schalotten darüberstreuen, mit Salz und Pfeffer würzen (nicht vergessen, dass die Kapern auch salzig sind).

4 Die Mayonnaise umrühren und, falls nötig, mit 1–2 Esslöffeln kochendem Wasser verdünnen. Über das Carpaccio träufeln, mit Petersilie garnieren und servieren.

Schweinefleisch mit Schleifensalat

Für 4 Portionen

Vorbereitung: 30 Min. plus Marinierzeit

Garzeit: 45 Min.

Zutaten

500 g Schweinefilet

3 EL Hoisin-Sauce

175 g Karotten

½ Salatgurke

4 Frühlingszwiebeln, in feine Ringe geschnitten

4 Radieschen, in dünne Scheiben geschnitten

2 EL Sesamsaat

Dressing

2 EL Sesamöl

2 EL Reisessig

Zubereitung

1 Das Fleisch in zwei Stücke schneiden und in eine flache Form geben. Mit Hoisin-Sauce übergießen und 1 Stunde bei Zimmertemperatur marinieren. Den Backofen auf 190 °C vorheizen.

2 Den Grillrost über einen zur Hälfte mit Wasser gefüllten Bräter setzen und das Schweinefilet darauflegen (so trocknet das Fleisch während des Garens nicht aus). 35–40 Minuten im vorgeheizten Ofen grillen, bis das Fleisch durchgegart und außen knusprig braun ist. 10 Minuten abkühlen lassen.

3 Karotten und Gurke mit einem Sparschäler in dünne Schleifen schneiden. In einer Schüssel mit Frühlingszwiebeln und Radieschen mischen.

4 Eine beschichtete Pfanne erhitzen und die Sesamsaat darin bei mittlerer Hitze 3–4 Minuten leicht anrösten. Zum Salat geben. Für das Dressing Sesamöl und Essig in ein kleines Schraubglas füllen und gut schütteln. Die Hälfte des Dressings über den Salat träufeln und alles gut durchheben.

5 Nun das Schweinefilet in Scheiben schneiden, auf Servierteller verteilen und das Gemüse daneben anrichten. Das verbliebene Dressing über das Fleisch träufeln und sofort servieren.

Scharfer Sichuan-Rindfleischsalat

Für 4 Portionen

Vorbereitung: 20 Min. plus Marinierzeit

Garzeit: 15 Min.

Zutaten

350 g Rumpsteak

90 g Eiernudeln

1 kleine rote Zwiebel, halbiert und in dünne Scheiben geschnitten

6 Radieschen, in Scheiben geschnitten

4 reichliche Handvoll Pflücksalat

1½ EL Erdnussöl

1 TL Sichuanpfefferkörner, zerstoßen

Marinade

4 TL chinesischer Reiswein oder trockener Sherry

½ EL Sojasauce

4 TL Zucker

2 EL Hoisin-Sauce

2,5-cm-Stück Ingwerwurzel, durch eine Knoblauchpresse gedrückt

Dressing

2 TL Sichuanpfefferkörner, zerstoßen

1½ EL helle Sojasauce

1½ EL Reisessig

2 EL Sesamöl

Zubereitung

1 Eventuelle Fettränder vom Steak abschneiden. Das Fleisch in dünne Streifen schneiden und in eine flache Schüssel legen. Die Zutaten für die Marinade vermischen und über das Fleisch gießen. 30 Minuten marinieren.

2 Die Nudeln nach Packungsangabe kochen. Abtropfen und abkühlen lassen und mit der Schere in kürzere Stücke schneiden. Die Zutaten für das Dressing mit dem Schneebesen gut verrühren. Nudeln, Zwiebel, Radieschen und Salat in einer großen Schüssel mischen. Das Dressing erneut durchrühren und zwei Drittel über den Salat gießen. Alles gleichmäßig vermischen, dann auf einzelne Servierteller verteilen.

3 Einen Wok auf mittlerer bis hoher Stufe erhitzen, dann Erdnussöl und Sichuanpfeffer hineingeben. Einige Sekunden rühren, um das Öl zu aromatisieren. Das Fleisch mit der Marinade dazugeben und 4–5 Minuten unter Rühren bräunen. Mit einem Schaumlöffel herausnehmen und auf dem Salat verteilen. Mit dem restlichen Dressing übergießen und sofort servieren.

1

2

3

Salat mit mariniertem Schweinefleisch

Für 4 Portionen

Vorbereitung: 30 Min. plus Marinierzeit

Garzeit: 5 Min.

Zutaten

500 g Schweinefilet, pariert

6 Frühlingszwiebeln, längs halbiert und in je 3 Stücke geteilt

1 Salatgurke

4 Handvoll feine Eisbergsalatstreifen

20 g Korianderblätter

10 g Minzeblätter

4 EL trocken geröstete Erdnüsse, grob gehackt

fein abgeriebene Schale von 1 Bio-Limette

1 TL Salz

1 TL Zucker

2 TL Sesamöl

1 EL Erdnussöl

Marinade

2 kleine, frische rote Chilis, entkernt und sehr fein gehackt

4 EL Zucker

3 EL thailändische Fischsauce

4 EL Limettensaft

4 EL Reisessig

Zubereitung

1 Das Schweinefilet schräg in feine Scheiben schneiden. Die Scheiben längs halbieren. Mit den Frühlingszwiebeln in eine Schüssel geben. Die Gurke schälen, längs halbieren und die Kerne herauslösen. Schräg in feine Scheiben schneiden und in eine zweite Schüssel geben.

2 Für die Marinade Chilis und Zucker in einem Mörser zu einer wässrig-roten Paste zerreiben. Fischsauce, Limettensaft und Reisessig einarbeiten, bis sich der Zucker aufgelöst hat. Eine Hälfte über das Schweinefleisch, die andere über die Gurken gießen. Beides 1 Stunde marinieren. Die Gurken danach abtropfen lassen und die Marinade auffangen.

3 Eisbergsalat, Koriander und Minze in einer Schüssel vermengen, dann auf Serviertellern anrichten. Die Gurkenscheiben darauf verteilen und mit der aufgefangenen Marinade beträufeln. Erdnüsse mit Limettenschale, Salz und Zucker mischen.

4 Das Fleisch abtropfen lassen und die Marinade weggießen. Einen Wok stark vorheizen, dann beide Öle darin erhitzen. Das Fleisch darin 5 Minuten unter Rühren anbraten, bis es gar und leicht gebräunt ist. Auf den Salatportionen anrichten und mit der Erdnussmischung garnieren. Sofort servieren.

Gegrilltes Lamm mit Joghurtdressing

Für 4 Portionen

Vorbereitung: 20 Min. plus Marinierzeit

Garzeit: 12 Min.

Zutaten

2 EL Sonnenblumenöl, plus etwas mehr zum Grillen

1 EL Tomatenmark

½ EL gemahlener Kreuzkümmel

1 TL Zitronensaft

1 Knoblauchzehe, zerdrückt

1 Prise Cayennepfeffer

500 g Lammfilet, pariert

Salz und Pfeffer

geröstete Sesamsaat

Zweige von glatter Petersilie, zum Garnieren

Dressing

2 EL Zitronensaft

1 TL Honig

100 g Joghurt (10% Fett)

2 EL frisch gehackte Minze

2 EL frisch gehackte glatte Petersilie

1 EL Schnittlauchröllchen

Salz und Pfeffer

Zubereitung

1 Öl, Tomatenmark, Kreuzkümmel, Zitronensaft, Knoblauch, Cayennepfeffer, Salz und Pfeffer in einer großen Schüssel miteinander verrühren. Das Lammfleisch darin wenden, die Schüssel abdecken und mindestens 2 Stunden oder über Nacht im Kühlschrank marinieren.

2 Für das Dressing Zitronensaft und Honig verrühren, bis sich der Honig aufgelöst hat. Joghurt und Kräuter unterrühren und mit Salz und Pfeffer abschmecken. Abdecken und bis zum Gebrauch kühl stellen.

3 Den Backofengrill vorheizen. Das Lammfleisch aus dem Kühlschrank nehmen. Den Grillrost leicht mit Öl bestreichen und eine Fettpfanne darunterschieben. Das Fleisch 5–6 Minuten von jeder Seite grillen, bis es innen noch etwas rosa ist. Aus dem Ofen nehmen und abkühlen lassen.

4 Das Lammfilet in dünne Scheiben schneiden und auf vier Servierteller verteilen. Mit dem Dressing beträufeln, mit Sesam und Petersilie bestreuen und servieren.

Lammhackspieße auf Kräutersalat

Für 4 Portionen

Vorbereitung: 30 Min. plus Marinierzeit

Garzeit: 20 Min.

Zutaten

400 g mageres Lammhackfleisch

1 kleine Zwiebel, fein gehackt

je 2 TL gemahlener Koriander, gemahlener Kreuzkümmel und Paprikapulver edelsüß

1 EL frisch gehackter Koriander

2 EL frisch gehackte Minze

3 EL Olivenöl

6 EL Naturjoghurt

100 g Salatgurke, gerieben

2 TL Minzsauce

125 g gemischter Salat aus zarten Salatblättern und Kräutern

1 EL Zitronensaft

Salz und Pfeffer

Zubereitung

1 Acht Holzspieße 30 Minuten in kaltem Wasser einweichen. Hackfleisch, Zwiebel, Gewürze, Koriander und Minze mit reichlich Salz und Pfeffer in eine Küchenmaschine geben. 1–2 Minuten fein zerkleinern. In eine Schüssel füllen, abdecken und 30 Minuten in den Kühlschrank stellen. Den Backofengrill auf mittlerer bis hoher Stufe vorheizen.

2 Die Hackfleischmasse achteln und je eine Portion um einen eingeweichten Holzspieß in eine ovale Form drücken. Mit ein wenig Öl bestreichen und 15–20 Minuten grillen, dabei häufig wenden, bis das Fleisch gar ist.

3 Unterdessen Joghurt, Gurke und Minzsauce in einer kleinen Schüssel verquirlen und mit Salz und Pfeffer abschmecken.

4 Den Salat in eine große Schüssel geben. Das verbliebene Öl und den Zitronensaft verrühren und mit Salz und Pfeffer abschmecken. Das Dressing über den Salat träufeln und alles gut vermengen. Die Spieße auf dem Salat arrangieren und mit dem Gurken-Minze-Joghurt servieren.

Schinken-Melonen-Salat mit Pecorino

Für 4 Portionen Vorbereitung: 20 Min. Garzeit: keine

Zutaten

400 g Wassermelonenfleisch, in dünnen Scheiben

400 g Cantaloupemelonenfleisch, in dünnen Scheiben

400 g Honigmelonenfleisch, in dünnen Scheiben

140 g Parmaschinken, in Scheiben

25 g Pecorino, gehobelt

25 g frisches Basilikum

Dressing

4 EL leichtes Olivenöl

4 EL alter Sherry-Essig

Salz und Pfeffer

Zubereitung

1 Die Melonenscheiben auf einem großen Servierteller anrichten. Große Schinkenscheiben halbieren und locker gefaltet auf den Melonen verteilen.

2 Für das Dressing Öl und Essig in ein Schraubglas füllen. Großzügig salzen und pfeffern. Zuschrauben und kräftig schütteln. Über Melonen und Schinken träufeln.

3 Mit Pecorino und gezupftem Basilikum garniert servieren.

Salat aus kaltem Braten & Kürbis

Für 4–6 Portionen Vorbereitung: 30 Min. Garzeit: 40 Min.

Zutaten

1 kleiner Kürbis (1,5 kg)
2 rote Zwiebeln, in Spalten
3–4 EL Olivenöl
100 g grüne Bohnen, halbiert
600 g kalter Schweinebraten, in dünne Scheiben geschnitten
1 Handvoll Rucola
100 g Feta, zerbröselt
2 EL geröstete Pinienkerne
2 EL frisch gehackte Petersilie

Dressing

6 EL natives Olivenöl extra
3 EL Balsamico-Essig
½ TL Zucker
½ TL Dijon-Senf oder körniger Senf
Salz und Pfeffer

Zubereitung

1 Den Backofen auf 200°C vorheizen. Den Kürbis vierteln, Kerne und Fasern mit einem Löffel herauslösen, in etwa 4 cm breite Spalten schneiden und nach Belieben schälen. Kürbis und Zwiebeln auf einem Backblech verteilen, Olivenöl darüberträufeln und 25–30 Minuten im Ofen backen. Der Kürbis sollte zwar gar, aber nicht zu weich sein. Aus dem Ofen nehmen und vollständig auskühlen lassen. Dann in mundgerechte Stücke schneiden.

2 Einen kleinen Topf mit Salzwasser zum Kochen bringen und die Bohnen darin 10 Minuten bissfest garen. Abgießen, unter fließend kaltem Wasser abschrecken und abtropfen lassen.

3 Für das Dressing alle Zutaten in ein Schraubglas füllen und kräftig schütteln.

4 Kürbis, Zwiebeln, Bohnen, Schweinebraten, Rucola, Feta, Pinienkerne und Petersilie in eine große Schüssel geben und vorsichtig vermengen. Das Dressing über den Salat gießen und nochmals vermengen. Sofort servieren.

Spargelsalat mit Melone & Schinken

Für 4 Portionen Vorbereitung: 20 Min. Garzeit: 10 Min.

Zutaten

250 g grüner Spargel, holzige Enden entfernt und die Stangen auf eine Länge gekürzt

50 g Parmaschinken, in dünne Scheiben geschnitten

1 kleine Galia- oder Cantaloupemelone, geschält und in dünne Spalten geschnitten

150 g gemischte Salatblätter, z. B. Radicchio, Rucola und Friséesalat

Salz und Pfeffer

80 g Himbeeren

2 EL frisch gehobelter Parmesan

Dressing

1 EL Balsamico-Essig

2 EL Himbeeressig

2 EL Orangensaft

1 Prise Salz

Zubereitung

1 Salzwasser in einem Topf zum Kochen bringen. Den Spargel darin bei mittlerer Hitze 10 Minuten bissfest garen. Abgießen und unter fließend kaltem Wasser abschrecken. Abtropfen lassen und beiseitestellen.

2 Die Schinkenscheiben längs halbieren und um die Melonenspalten wickeln.

3 Auf einer großen Servierplatte den Spargel und daneben die Salatblätter anrichten und mit etwas Salz und Pfeffer würzen. Die Melonenspalten daraufsetzen.

4 Die Himbeeren um die Melonenspalten herum verteilen und alles mit Parmesan bestreuen. Die Zutaten für das Dressing in ein Schraubglas füllen und kräftig schütteln. Über den Salat gießen und sofort servieren.

Schinken-Salami-Salat mit Feigen

Für 6 Portionen Vorbereitung: 15 Min. Garzeit: keine

Zutaten

9–12 reife Feigen

6 dünne Scheiben Prosciutto

12 dünne Scheiben italienische Salami

1 kleines Bund frisches Basilikum, in kleine Zweige zerzupft

einige Minzezweige

1 kleines Bund Rucola

2 EL frisch gepresster Zitronensaft

4 EL natives Olivenöl extra

Salz und Pfeffer

Zubereitung

1 Die Stiele der Feigen kurz abschneiden und die Früchte vierteln.

2 Schinken und Salami auf einer Servierplatte anrichten. Kräuter und Rucolablätter waschen und mit den Feigenvierteln in eine Schüssel geben.

3 Zitronensaft und Öl in einer Schüssel mit einer Gabel verrühren und kräftig salzen und pfeffern.

4 Die Mischung über die Kräuter und den Rucola gießen und die Feigenviertel und Salatblätter vorsichtig darin wenden.

5 Feigen und Rucola appetitlich auf der Servierplatte zusammen mit dem Schinken und der Salami anrichten.

Warmer Eier-Speck-Salat

Für 4 Portionen Vorbereitung: 20 Min. Garzeit: 10 Min.

Zutaten

2 kleine Romanasalate, grob in Stücke gezupft

4 Eier

2 EL Sonnenblumenöl

2 dicke Scheiben Weißbrot, Rinde entfernt, in Würfel geschnitten

250 g Frühstücksspeck, gewürfelt

12 Kirschtomaten, halbiert

Dressing

2 EL natives Olivenöl extra

1 EL Rotweinessig

1 TL Dijon-Senf

Pfeffer

Zubereitung

1 Für das Dressing alle Zutaten in ein kleines Schraubglas füllen und gut schütteln. Die Salatblätter in eine große Schüssel geben.

2 Die Eier in einem Topf mit kaltem Wasser bedecken. Zum Kochen bringen und 4 Minuten kochen. Dann abgießen und die Eier 2 Minuten in kaltem Wasser abschrecken. Anschließend schälen und vierteln.

3 Das Öl in einer großen Pfanne erhitzen und die Brotwürfel darin unter häufigem Rühren 3–4 Minuten goldbraun frittieren. Mit einem Schaumlöffel herausheben und beiseitestellen.

4 Die Speckwürfel in die Pfanne geben und bei mittlerer bis starker Hitze knusprig braten. Tomaten und Dressing zufügen und 1 Minute mitgaren.

5 Den Pfanneninhalt über den Salat geben und alles vorsichtig vermengen. Die geviertelten Eier zugeben und die Croûtons darüberstreuen. Sofort servieren.

Spinatsalat mit sautierten Pilzen & Pancetta

Für 4 Portionen   Vorbereitung: 15 Min.   Garzeit: 10 Min.

Zutaten

275 g kleine Spinatblätter, abgetropft

2 EL Olivenöl

150 g Pancetta

300 g gemischte Pilze, z. B. Champignons und Austernpilze, in Scheiben geschnitten

Dressing

5 EL Olivenöl

1 EL Balsamico-Essig

1 TL Dijon-Senf

1 Prise Zucker

Salz und Pfeffer

Zubereitung

1 Für das Dressing alle Zutaten in einer Schüssel verrühren. Den Spinat in eine große Salatschüssel geben.

2 Das Öl in einer Pfanne erhitzen und die Pancetta darin 3 Minuten anbraten. Die Pilze zufügen und 4–5 Minuten andünsten.

3 Das Dressing zugießen und den gesamten Pfanneninhalt über den Spinat geben. Gut vermengen und sofort servieren.

Chorizo-Bohnen-Salat

Für 2 Portionen Vorbereitung: 15 Min. Garzeit: 15 Min.

Zutaten

1 EL Sonnenblumenöl

1 kleine Zwiebel, in dünne Ringe geschnitten

250 g Riesenbohnen aus der Dose, abgespült und abgetropft

1 TL Balsamico-Essig

2 Chorizowürstchen, schräg in Scheiben geschnitten

1 kleine Tomate, gewürfelt

2 EL Harissa (nordafrikanische Gewürzpaste)

1 Handvoll Rucola

40 g gemischte Kräuter, z. B. Petersilie und Dill

Zubereitung

1 Das Öl in einer Pfanne erhitzen und die Zwiebel darin weich dünsten. Die Bohnen zugeben und 1 Minute mitgaren. Den Essig unterrühren, vom Herd nehmen und warm halten.

2 Eine zweite Pfanne erhitzen und die Chorizoscheiben darin unter gelegentlichem Rühren kurz anbräunen. Herausnehmen und beiseitestellen.

3 Tomatenwürfel und Harissa in einer Schale vermengen. Rucola und Salatkräuter auf zwei Servierteller verteilen. Bohnen und Chorizo darauf anrichten. Die Tomaten-Harissa-Mischung darübergeben und sofort servieren.

Spinatsalat mit knusprigem Speck

Für 4 Portionen Vorbereitung: 15 Min. Garzeit: 10 Min.

Zutaten

4 EL Olivenöl

4 Scheiben Frühstücksspeck, in Streifen geschnitten

1 dicke Scheibe Weißbrot, Rinde entfernt, gewürfelt

500 g Blattspinat, geputzt

Zubereitung

1 Die Hälfte des Olivenöls in einer Pfanne erhitzen. Die Speckstreifen hineingeben und 3–4 Minuten knusprig braten. Mit einem Schaumlöffel herausnehmen und auf Küchenpapier abtropfen lassen.

2 Nun die Brotwürfel in die Pfanne geben und 4 Minuten anbräunen. Mit einem Schaumlöffel aus der Pfanne nehmen und auf Küchenpapier abtropfen lassen.

3 Das restliche Öl in der Pfanne erhitzen. Den Spinat zugeben und etwa 3 Minuten unter Rühren anbraten, bis er zusammenfällt. In eine Salatschüssel füllen und mit Speckstreifen und Croûtons bestreuen. Sofort servieren.

LEICHTE GEFLÜGELIDEEN

Hähnchensalat mit Nüssen & Käse

Für 4 Portionen   Vorbereitung: 20 Min.   Garzeit: keine

Zutaten

150 g Rucola

2 Selleriestangen, in Scheiben geschnitten

½ Gurke, in dünne Scheiben geschnitten

2 Frühlingszwiebeln, in Ringe geschnitten

2 EL frisch gehackte Petersilie

25 g Walnusskerne

350 g gegartes Hähnchenbrustfilet, in Scheiben geschnitten

125 g Blauschimmelkäse, z. B. Gorgonzola, zerkrümelt

kernlose rote Trauben, halbiert

Salz und Pfeffer

Dressing

2 EL Olivenöl

1 EL Sherry-Essig

1 TL Dijon-Senf

1 EL frisch gehackte Salatkräuter

Zubereitung

1. Den Rucola waschen, abtropfen lassen und in eine große Salatschüssel geben. Alle übrigen Salatzutaten zugeben, mit Salz und Pfeffer würzen und vermengen.
2. Für das Dressing alle Zutaten in ein Schraubglas füllen und kräftig schütteln. Über den Salat gießen und gut vermengen. Sofort servieren.

Putensalat mit Tamarinde

Für 4 Portionen Vorbereitung: 30 Min. Garzeit: 10 Min.

Zutaten

4 EL Sonnenblumenöl
450 g Putenbrust, klein gewürfelt
½ Eisbergsalat, zerzupft
50 g Chicorée, zerteilt
85 g Grünkohl, zerzupft
150 g Salatgurke, gewürfelt
½ kleine rote Zwiebel, in Ringen
Orangenzesten, zum Garnieren

Dressing

2 TL Tamarindenpaste (ohne Kerne)
Schale und Saft von 1 Bio-Orange
1 EL geriebene Ingwerwurzel,
2 Knoblauchzehen, fein gehackt
4 TL Ahornsirup
Salz und Pfeffer

Zubereitung

1 Für das Dressing Tamarindenpaste, Orangenschale und -saft, Ingwer, Knoblauch und Ahornsirup in einer Schale verrühren. Mit Salz und Pfeffer abschmecken.

2 Für den Salat 2 Esslöffel Öl in einer großen Pfanne erhitzen. Die Fleischwürfel darin bei mittlerer bis starker Hitze 5 Minuten rundum goldbraun und gar braten. Zur Probe ein Fleischstück durchschneiden; es darf in der Mitte nicht mehr rosa sein, und der Fleischsaft muss klar aussehen. Die Hälfte des Dressings zufügen und weitere 2–3 Minuten braten, bis die Fleischwürfel glasiert sind. Auf einen Teller geben.

3 Eisbergsalat, Chicorée und Kohl in einer Salatschüssel mit Gurke und Zwiebel mischen.

4 Das restliche Öl in das restliche Dressing rühren und unter den Salat heben. Die noch warmen Putenfleischwürfel darauf verteilen. Mit Orangenzesten garnieren und sofort servieren.

Cajun-Hähnchensalat

Für 4 Portionen Vorbereitung: 20 Min. Garzeit: 25 Min.

Zutaten

4 Hähnchenbrustfilets (à 140 g)
4 TL Cajun-Gewürzmischung
2 TL Sonnenblumenöl
1 Mango, in Scheiben geschnitten
200 g Frisée- und Feldsalat
1 Zwiebel, in Ringe geschnitten
175 g gekochte Rote Beten, gewürfelt
80 g Radieschen, in Scheiben
50 g Walnusskerne
2 EL Sesamsaat, zum Garnieren

Dressing

4 EL Walnussöl
1–2 TL Dijon-Senf
1 EL Zitronensaft
Salz und Pfeffer

Zubereitung

1 Jedes Hähnchenbrustfilet dreimal diagonal einschneiden. Die Filets in eine flache Form legen und auf beiden Seiten mit der Gewürzmischung bestreuen. Abdecken und 30 Minuten im Kühlschrank marinieren.

2 Das Sonnenblumenöl in einer Pfanne erhitzen. Die Hähnchenbrustfilets von jeder Seite etwa 8 Minuten braten, bis sie durchgegart sind. Aus der Pfanne nehmen und beiseitestellen.

3 Die Mangoscheiben in die Pfanne geben und von jeder Seite 2 Minuten anbraten. Herausnehmen und beiseitestellen.

4 Die Salatblätter mit Zwiebel, Roten Beten, Radieschen und Walnüssen in einer Schüssel mischen.

5 Die Zutaten für das Dressing in ein Schraubglas füllen und kräftig schütteln. Über den Salat gießen und gut vermengen.

6 Den Salat auf eine Servierplatte geben und die Mangoscheiben und Hähnchenbrustfilets appetitlich darauf anrichten. Mit Sesam bestreut servieren.

Salat mit Hühnchen & Pesto

Für 4 Portionen | Vorbereitung: 20 Min. | Garzeit: 35 Min.

Zutaten

4 große Hühnerschenkel

Sonnenblumenöl oder Olivenöl, zum Bestreichen

200 g getrocknete Pasta, z. B. Fusilli

200 g feine grüne Bohnen, gehackt

300 g fertiger Pesto und etwas mehr, falls nötig

2 große Tomaten, in Scheiben geschnitten

Salz und Pfeffer

frische Basilikumblätter, zum Garnieren

Zubereitung

1 Den Backofengrill vorheizen, den Grillrost einfetten und etwa 7 cm unter der Hitzequelle positionieren. Die Hühnerschenkel mit Öl bestreichen und nach Geschmack würzen. Die Hühnerschenkel darauflegen und 20–25 Minuten grillen, bis das Fleisch gar ist und der Saft, der beim Hineinstechen aus dem dicksten Teil austritt, klar herausrinnt. Herausnehmen und beiseitestellen.

2 Salzwasser in einem großen Topf zum Kochen bringen. Die Pasta hineingeben, aufkochen und je nach Packungsangabe 8–10 Minuten kochen, bis sie al dente ist. 5 Minuten vor Ende der Kochzeit die Bohnen zufügen.

3 Pasta und Bohnen abgießen, abtropfen lassen und in eine große Schüssel geben. Den Pesto zugeben und gut untermengen. Beiseitestellen und auskühlen lassen.

4 Wenn die Hühnerschenkel so weit abgekühlt sind, dass sie weiterverarbeitet werden können, die Haut abziehen, Knochen entfernen und das Fleisch in mundgerechte Stücke zerteilen. Unter die Pasta-Bohnen-Mischung mengen und mit Salz und Pfeffer würzen. Beiseitestellen und komplett auskühlen lassen, dann abdecken und bis zum Verzehr in den Kühlschrank stellen.

5 10 Minuten vor dem Servieren den Salat aus dem Kühlschrank nehmen. Tomatenscheiben auf einer Servierplatte anrichten. Den Salat durchmengen und nach Geschmack etwas mehr Pesto zufügen. Dann den Salat auf den Tomatenscheiben anrichten, mit Basilikumblättern garniert sofort servieren.

1

3

5

Geräuchertes Hähnchen mit Avocadodressing

Für 4–6 Portionen

Vorbereitung: 20 Min. plus Ruhezeit

Garzeit: keine

Zutaten

2 große Fleischtomaten, in Scheiben geschnitten

600 g geräuchertes oder gebratenes Hähnchenbrustfilet, ohne Haut, in Scheiben geschnitten

250 g Brunnenkresse

75 g Bohnensprossen, 20 Minuten in kaltem Wasser eingeweicht und abgetropft

einige Zweige glatte Petersilie oder Koriander, zum Garnieren

Dressing

1 Avocado

2 EL Zitronensaft

1 EL Estragonessig

75 g Joghurt (10% Fett)

1 Knoblauchzehe, zerdrückt

1 EL frisch gehackter Estragon

Salz und Pfeffer

Zubereitung

1. Für das Dressing alle Zutaten mit dem Pürierstab glatt pürieren. In eine Schüssel füllen und mit Frischhaltefolie abdecken. 2 Stunden im Kühlschrank ziehen lassen.
2. Die Tomatenscheiben auf vier bis sechs Servierteller verteilen. Darüber das Hähnchenfleisch, dann Brunnenkresse und Bohnensprossen verteilen. Mit Petersilie oder Koriander garnieren.
3. Das Dressing über den Salat gießen und sofort servieren.

Vietnamesischer Geflügelsalat

Für 4 Portionen Vorbereitung: 30 Min. Garzeit: 75 Min.

Zutaten

2 Karotten

1 Zucchini

150 g Bohnensprossen

2 Romanasalatherzen, in mundgerechten Stücken

25 g frischer Koriander, grob gehackt

Hähnchen

1 ganzes küchenfertiges Hähnchen (1 kg)

2 Zitronengrasstängel, längs halbiert

1 Selleriestange, in Scheiben

1 Zwiebel, geviertelt

2 Karotten, in Scheiben

2 EL Sojasauce

Dressing

125 ml konzentrierte Hühnerbrühe

fein abgeriebene Schale und Saft von ½ Bio-Limette

1 roter Chili, entkernt und fein gehackt

2 TL Fischsauce

Zubereitung

1 Das Hähnchen mit der Brustseite nach unten in einen nur wenig größeren Topf geben. Zitronengras, Sellerie, Zwiebel und Karotten zufügen. 1,2 Liter kaltes Wasser und Sojasauce zugießen und zum Kochen bringen. Dann 1 Stunde bei geschlossenem Deckel köcheln lassen, bis das Fleisch gar ist. Das Hähnchen aus dem Topf nehmen. Zur Probe die dickste Stelle in der Keule einstechen; das Fleisch darf in der Mitte nicht mehr rosa sein, und der Fleischsaft muss klar aussehen. Abgedeckt abkühlen lassen. Die Brühe 30–45 Minuten auf 250 ml einkochen. Durch ein Haarsieb passieren und abkühlen lassen.

2 Für den Salat Karotten und Zucchini mit einem Gemüseschäler in lange, dünne Streifen schneiden und in einer Salatschüssel mit Bohnensprossen, Romanasalat und Koriander vermischen.

3 Für das Dressing die Hühnerbrühe entfetten und 125 ml abmessen. In eine große Schüssel füllen. Mit Limettenschale und -saft, Chili und Fischsauce verrühren.

4 Das Hähnchenfleisch von der Karkasse lösen und in lange, dünne Streifen trennen. Mit dem Dressing mischen. Den Salat auf vier Servierteller verteilen und mit dem Hähnchenfleisch garnieren. Sofort servieren.

Knackiger Geflügelsalat

Für 4 Portionen Vorbereitung: 20 Min. Garzeit: 10 Min.

Zutaten

2 Eier

fettarmes Backtrennspray

4 Scheiben Putenspeck, in Streifen

1 großer Romanasalat, in mundgerechten Stücken

200 g Tomaten, in Spalten

225 g gegarte Hähnchenbrust, gewürfelt

55 g Blauschimmelkäse, zerkrümelt

Dressing

2 EL Balsamico-Essig

1 TL Dijon-Senf

2 EL Olivenöl

¼ TL Salz

¼ TL Pfeffer

Zubereitung

1 Für das Dressing alle Zutaten in einer Schüssel verrühren.

2 Die Eier in einem kleinen Topf mit Wasser bedecken und 8 Minuten hart kochen. Unter fließend kaltem Wasser abschrecken und schälen. Das Eigelb herauslösen und das Eiweiß hacken. Das Eigelb anderweitig verwenden.

3 Eine Pfanne mit Backtrennspray besprühen und erhitzen. Den Speck darin bei mittlerer bis starker Hitze 2–3 Minuten anbraten, bis er leicht gebräunt und knusprig ist.

4 Salat und Tomaten in einer Schüssel mischen. Mit etwas Dressing überziehen. Den Salat auf vier Servierteller verteilen und Hähnchenwürfel, Schinkenstreifen, Käse und Eiweiß darauf anrichten. Mit dem restlichen Dressing beträufeln und sofort servieren.

Hähnchen mit Grapefruit

Für 4 Portionen — Vorbereitung: 20 Min. — Garzeit: 30 Min.

Zutaten

2 Hähnchenbrustfilets (à 175 g)
1 Bouquet garni
einige schwarze Pfefferkörner
2 rosafarbene Grapefruits
3 Salatherzen, in Blätter getrennt
1 Chicorée, in Blätter getrennt
frische Kerbelzweige, zum Garnieren

Dressing

1 EL natives Olivenöl extra
3 EL Joghurt (10% Fett)
1 TL körniger Senf
1 Prise Zucker
1 EL frisch gehackter Kerbel
Salz und Pfeffer

Zubereitung

1 Das Geflügelfleisch in einem großen Topf mit Wasser bedecken. Das Bouquet garni und die Pfefferkörner zufügen und aufkochen. Abdecken und 25–30 Minuten köcheln lassen, bis das Fleisch gerade eben gar ist. Vom Herd nehmen und das Fleisch abgedeckt im Sud abkühlen lassen.

2 Mit einem Sägemesser Schale und weiße Haut der Grapefruits entfernen. Die Grapefruits über eine Schüssel halten, um den Saft aufzufangen, und filetieren. 2 Esslöffel Saft beiseitestellen.

3 Salatblätter und Grapefruitfilets in einer Schüssel mischen.

4 Für das Dressing alle Zutaten in einer kleinen Schüssel mit dem Grapefruitsaft sorgfältig verquirlen.

5 Das pochierte Hähnchen abgießen und mit Küchenpapier trocken tupfen. In mundgerechte Stücke zupfen oder in dünne Scheiben schneiden. Auf den Salat geben, mit Dressing beträufeln und mit Kerbelzweigen garnieren.

Texmex-Hähnchen

Für 4 Portionen

Vorbereitung: 20 Min. plus Marinierzeit

Garzeit: 10 Min.

Zutaten

500 g Hähnchenbrustfilet
2 EL Limettensaft
2 EL Olivenöl
je 1 TL Pfeffer, getrockneter Oregano und mildes Chilipulver
1 Zwiebel
1 rote Paprika
200 g gemischte Salatblätter
Limettenscheiben und saure Sahne, zum Servieren

Sauce

1 reife Avocado, fein gewürfelt
2 reife Tomaten, fein gehackt
1 EL frisch gehackte Korianderblätter
1 EL Limettensaft
Salz und Pfeffer

Zubereitung

1 Für die Sauce die Avocado in eine kleine Schüssel geben und mit Tomaten, Koriander und Limettensaft mischen. Mit Salz und Pfeffer würzen. Die Schüssel mit Frischhaltefolie abdecken und in den Kühlschrank stellen.

2 Das Hähnchenbrustfilet in Scheiben schneiden, dann mit Limettensaft, Öl, Pfeffer, Oregano und Chilipulver in eine Schüssel geben und gut vermengen. Abdecken und 1 Stunde bei Zimmertemperatur marinieren.

3 Eine gusseiserne Grillpfanne sehr stark erhitzen und die Fleischscheiben darin 5–6 Minuten unter gelegentlichem Wenden braten, bis das Fleisch gar und außen knusprig braun ist. Aus der Pfanne nehmen und warm halten. Die Zwiebel in dünne Spalten schneiden und Paprika in Streifen. Beides in die Pfanne geben und unter einmaligem Wenden 3–4 Minuten grillen, bis das Gemüse gerade weich ist.

4 Die Salatblätter auf vier Servierteller verteilen und Fleisch, Zwiebel und Paprika darauf anrichten. Sofort mit Avocadosauce, Limettenscheiben und saurer Sahne servieren.

Thailändischer Hähnchen-Soba-Salat

Für 4 Portionen   Vorbereitung: 30 Min.   Garzeit: 10 Min.

Zutaten

250 g Soba-Nudeln

350 g gekochtes Hähnchenfleisch, grob zerkleinert

1 Salatgurke, geschält, entkernt und in Stifte geschnitten

140 g Kohl, gehackt

1 rote Paprika, entkernt und in Stifte geschnitten

Garnierung

3 Frühlingszwiebeln, in dünne Ringe geschnitten

70 g ungesalzene Erdnüsse

Dressing

Saft von 1 Limette

1 EL thailändische Fischsauce

1 EL Rohrzucker

2 EL cremige Erdnussbutter

1 Knoblauchzehe, fein gehackt

1–2 kleine scharfe rote Chilis, entkernt und fein gehackt

3 EL Pflanzenöl

15 g frisch gehackter Koriander

15 g frisch gehackte Minze

Zubereitung

1 Die Nudeln nach Packungsangabe kochen. Abtropfen lassen und unter kaltem Wasser abspülen. Beiseitestellen und vollständig auskühlen lassen.

2 Für das Dressing Limettensaft, Fischsauce, Zucker, Erdnussbutter, Knoblauch und Chilis in einer kleinen Schüssel mit dem Schneebesen gründlich verrühren. Das Öl unterschlagen, bis alles gut vermischt ist. Koriander und Minze einrühren.

3 Gekochte Nudeln, Fleisch, Gurke, Kohl und Paprika in einer großen Schüssel mischen. Das Dressing dazugeben und erneut vermengen, bis alle Zutaten benetzt sind. Mit Frühlingszwiebeln und Erdnüssen garniert servieren.

1

2

3

Chinesischer Hähnchensalat

Für 4 Portionen

Vorbereitung: 20 Min. plus Marinierzeit

Garzeit: 15 Min.

Zutaten

4 Hähnchenbrustfilets, in 3 cm dicke Würfel geschnitten

4 Frühlingszwiebeln, gehackt

3-cm-Stück Ingwer, geschält und fein gehackt

2 Knoblauchzehen, zerdrückt

2 EL Pflanzenöl, plus etwas Öl zum Braten

175 g dünne chinesische Eiernudeln

Salat

1 EL Pflanzenöl

1 Zwiebel, in Ringe geschnitten

2 Knoblauchzehen, gehackt

120 g Baby-Maiskolben, halbiert

120 g Zuckerschoten, längs halbiert

1 rote Paprika, in Streifen geschnitten

8-cm-Stück Salatgurke, geschält, entkernt und in Streifen geschnitten

4 EL Sojasauce

1 EL brauner Zucker

einige Thai-Basilikumblätter

Zubereitung

1 Geflügel, Frühlingszwiebeln, Ingwer, Knoblauch und Öl in einer flachen Schüssel mischen. Mindestens 3 Stunden marinieren. Das Fleisch aus der Marinade nehmen und beiseitestellen.

2 Für den Salat das Öl in einem Wok erhitzen. Zwiebel und Knoblauch 1–2 Minuten darin anbraten, dann Mais, Zuckerschoten und Paprika zugeben. Alles 2–3 Minuten braten, bis das Gemüse gerade weich ist. Gurke, die Hälfte der Sojasauce, Zucker und Thai-Basilikum zugeben und vorsichtig unterheben.

3 Die Nudeln nach Packungsanweisung garen und abtropfen lassen. Mit der restlichen Sojasauce beträufeln und auf vier Teller verteilen. Das Gemüse darübergeben.

4 Etwas Öl in den Wok geben und die Fleischwürfel darin bei starker Hitze rundum braun anbraten. Auf dem Salat anrichten und lauwarm servieren.

Entenbrust mit Erdnuss-Sauce

Für 3 Portionen | Vorbereitung: 20 Min. | Garzeit: 15 Min.

Zutaten

2 Karotten

2 Selleriestangen

1 Salatgurke

400 g Entenbrustfilets

350 g breite asiatische Reisnudeln

Sauce

2 Knoblauchzehen, zerdrückt

2 EL dunkelbrauner Zucker

je 2 EL Erdnussbutter und Kokoscreme

je 2 EL Sojasauce, Reisessig und Sesamöl

½ TL Pfeffer

½ TL Fünf-Gewürze-Pulver

½ TL Ingwerpulver

Zubereitung

1 Den Backofengrill stark vorheizen. Karotten, Sellerie und Gurke in dünne Streifen schneiden und beiseitestellen.

2 Die Entenbrustfilets von jeder Seite etwa 5 Minuten unter dem Backofengrill grillen, bis sie gar sind. Abkühlen lassen.

3 Unterdessen alle Zutaten für die Erdnuss-Sauce in einem kleinen Topf erhitzen, bis der Zucker aufgelöst und die Sauce glatt ist.

4 Die Nudeln nach Packungsanweisung garen, abgießen und abtropfen lassen, dann auf drei Servierschalen verteilen und das klein geschnittene Gemüse darauf anrichten. Das Entenfleisch in Scheiben schneiden, auf die Schalen verteilen und mit der Sauce übergießen. Sofort servieren.

Krosser Ramen-Salat mit Ente

Für 4 Portionen   Vorbereitung: 20 Min.   Garzeit: 30 Min.

Zutaten

100 g Ramen-Nudeln
2 Entenbrustfilets (à 175 g)
225 ml Erdnussöl
1 Salatherz, zerzupft
4 Clementinen, in Spalten geteilt
1 roter Jalapeño-Chili, gehackt
1 Avocado, gewürfelt
2 EL Mandelblättchen, geröstet
Salz und Pfeffer

Dressing

je 2 EL Limettensaft und Misopaste
je 1 EL Sojasauce und Reisessig
1 TL geriebene Ingwerwurzel
4 EL Pflanzenöl
1 TL Sesamöl

Zubereitung

1 Den Backofen auf 200 °C vorheizen. Einen Teller mit Küchenpapier auslegen. Die Nudeln nach Packungsangabe kochen. Abtropfen lassen und zum Trocknen auf dem Teller verteilen.

2 Eine große, ofenfeste Pfanne auf mittlerer Stufe erhitzen. Die Filets trocken tupfen und mit Salz und Pfeffer würzen. Mit einem scharfen Messer die Haut mehrmals einritzen, dabei nicht ins Fleisch schneiden. Wenn die Pfanne heiß ist, das Fleisch mit der Hautseite nach unten 5–6 Minuten braten, bis das meiste Fett ausgelassen und die Haut kross ist. Wenden und 2 Minuten auf der anderen Seite leicht anbräunen. Erneut wenden und die Pfanne in den vorgeheizten Ofen stellen. 7–9 Minuten braten, bis ein Fleischthermometer im dicksten Teil 55 °C anzeigt. Aus dem Ofen nehmen und 5 Minuten ruhen lassen, dann quer zur Faser in 5 mm dicke Scheiben schneiden.

3 Einen Teller mit Küchenpapier auslegen. Das Öl in einem kleinen Topf auf hoher Stufe erhitzen, bis es anfängt zu rauchen. Die Nudeln häufchenweise hineingeben und 20 Sekunden von jeder Seite frittieren. Zum Abtropfen auf den Teller legen.

4 Für das Dressing alle Zutaten nacheinander in einer kleinen Schüssel mit dem Schneebesen verrühren.

5 Salat, Clementinen, Chili und Avocado in einer großen Schüssel mischen. 4 Esslöffel Dressing darübergeben und vermengen. Den Salat auf Teller verteilen, auf jeden mehrere Scheiben Entenbrust legen, mit Mandeln bestreuen und mit Dressing beträufeln. Die Nudeln dazugeben und sofort servieren.

Salat mit Ente & süßem Chilidressing

Für 4 Portionen

Vorbereitung: 45 Min.

Garzeit: 90 Min.

Zutaten

2 Entenkeulen (à 175 g)

300 ml kochendes Wasser

1 TL Fünf-Gewürze-Pulver

175 g Zuckerschoten

1 kleiner Eisbergsalat, in feinen Streifen

2 Selleriestangen, in sehr dünne Scheiben geschnitten

6 Frühlingszwiebeln, in dünne Ringe geschnitten

Dressing

1 EL Sonnenblumenöl

3 EL süße Chilisauce

1 EL Reisessig

Salz und Pfeffer

Zubereitung

1 Den Backofen auf 200 °C vorheizen. Die Entenkeulen in einen Bräter geben und die Haut mit kochendem Wasser übergießen. Das Wasser abgießen und die Keulen mit Küchenpapier trockentupfen.

2 Die Keulen mit Fünf-Gewürze-Pulver einreiben und 1¼–1½ Stunden im vorgeheizten Ofen schmoren, bis sie gar sind und die Haut goldbraun und knusprig ist. 10 Minuten abkühlen lassen.

3 Für das Dressing alle Zutaten in einer kleinen Schüssel verquirlen.

4 In einem kleinen Topf Wasser zum Kochen bringen und die Zuckerschoten darin 2 Minuten blanchieren. Abgießen und unter fließend kaltem Wasser abschrecken. Längs in Streifen schneiden und mit Salat, Sellerie und fast allen Frühlingszwiebeln in einer Schüssel gut mischen.

5 Die Haut der Entenkeulen abziehen und in dünne Streifen schneiden. Dann das Fleisch mit zwei Gabeln von den Knochen lösen.

6 Den Salat auf eine Platte geben. Entenfleisch und knusprige Haut darauf anrichten. Mit dem Dressing beträufeln und mit den restlichen Frühlingszwiebeln garnieren. Sofort servieren.

Entenbrust-Gemüse-Salat

Für 4 Portionen   Vorbereitung: 20 Min.   Garzeit: 30 Min.

Zutaten

2 Entenbrustfilets

1 Salatherz, zerpflückt

125 g Sojabohnensprossen

1 gelbe Paprika, in feine Streifen geschnitten

½ Salatgurke, entkernt und in Stifte geschnitten

2 TL geriebene Limettenschale und 2 EL Kokosraspeln, zum Garnieren

Dressing

Saft von 2 Limetten

3 EL thailändische Fischsauce

1 EL brauner Zucker

2 TL süße Chilisauce

1½ EL geriebener Ingwer

je 3 EL Minze und Basilikum, gehackt

Zubereitung

1 Den Backofen auf 200 °C vorheizen. Die Filets auf den Grillrost legen und eine Fettpfanne darunterschieben. 20–30 Minuten braten, bis der gewünschte Gargrad erreicht und die Haut ganz kross ist. Aus dem Ofen nehmen und abkühlen lassen.

2 Salatblätter, Sojabohnensprossen, Paprika und Gurke in einer großen Salatschüssel vermengen. Die Entenbrustfilets in Scheiben schneiden und zum Salat geben.

3 Für das Dressing alle Zutaten in einer Schüssel verrühren und über den Salat gießen. Gut vermengen.

4 Den Salat mit Limettenschale und Kokosraspeln bestreuen und sofort servieren.

Putensalat mit Erdnüssen

Für 4 Portionen Vorbereitung: 20 Min. Garzeit: 10 Min.

Zutaten

250 g Chinakohl

2 Karotten, in dünne Stifte geschnitten

½ Salatgurke, entkernt und in dünne Stifte geschnitten

50 g Sojabohnensprossen

400 g Putenbratenaufschnitt, in mundgerechte Stücke gezupft

1 EL geröstete Sesamsaat

1 EL gesalzene Erdnüsse, gehackt

Dressing

4 EL feine Erdnussbutter

2 EL süße Chilisauce

je 1 EL Sojasauce und 1 EL Reisessig

1 EL Sonnenblumenöl

1 EL geröstetes Erdnussöl

Zubereitung

1 Für das Dressing die Erdnussbutter im Wasserbad sanft erhitzen, bis die Erdnussbutter sehr weich ist. Dann Chilisauce, Sojasauce und Reisessig unterrühren. Vom Herd nehmen und nach und nach Sonnenblumen- und Erdnussöl unterrühren, bis eine glatte, flüssige Konsistenz erreicht ist.

2 Den Chinakohl putzen und in mundgerechte Stücke zupfen. Diese auf einer Servierplatte verteilen und mit Karotten, Gurke und Sprossen belegen. Darauf den Aufschnitt anrichten und mit dem warmen Dressing beträufeln. Mit Sesamsaat und Erdnüssen bestreuen und sofort servieren.

Italienischer Geflügelsalat

Für 4 Portionen

Vorbereitung: 20 Min. plus Marinierzeit

Garzeit: 75 Min.

Zutaten

3 EL Olivenöl
1 Hähnchen (etwa 1,3 kg)
200 ml trockener Weißwein
1 Zwiebel, gehackt
1 Karotte, gehackt
1 Selleriestange, gehackt
1 frisches Lorbeerblatt
Salz und Pfeffer

Marinade

Salz
1 TL schwarze Pfefferkörner
4 frische Lorbeerblätter
125 ml Olivenöl

Salat

150 g junge Spinatblätter
5 zarte Selleriestangen
1 Chicorée
2 EL natives Olivenöl extra
1 TL Weißweinessig
1 TL Balsamico-Essig, plus etwas mehr zum Beträufeln
Salz

Zubereitung

1 Den Backofen auf 180 °C vorheizen. Das Olivenöl in einem Bräter bei mittlerer Hitze erwärmen. Das Hähnchen zufügen und 15 Minuten rundum anbräunen. Mit dem Wein ablöschen und 2 Minuten köcheln lassen. Zwiebel, Karotte, Sellerie und Lorbeerblatt zugeben und alles mit Salz und Pfeffer würzen. Den Topf bedecken und in den Ofen geben. 45–50 Minuten schmoren, dabei das Hähnchen etwa alle 20 Minuten wenden. Das Hähnchen ist gar, wenn beim Anstechen an der dicksten Stelle der Keule klarer Fleischsaft austritt. Den Bräter aus dem Ofen nehmen und das Hähnchen abkühlen lassen. Das Hähnchen aus dem Bräter heben und die Haut ablösen. Garsud, Gemüse und Haut entsorgen.

2 Das Hähnchenfleisch entbeinen und in mundgerechte Stücke schneiden. Das Fleisch mit Salz, Pfefferkörnern und Lorbeerblatt in eine Schüssel geben und großzügig mit Öl bedecken. Die Schüssel fest mit Frischhaltefolie abdecken und das Fleisch im Kühlschrank 1–2 Tage marinieren.

3 Die Schüssel 2 Stunden vor dem Servieren aus dem Kühlschrank nehmen und das Fleisch abseihen. Einige Zeit abtropfen lassen.

4 Für den Salat Spinat, Sellerie und Chicorée zerkleinern und in einer Schüssel mischen. Olivenöl, Weißweinessig, Balsamico-Essig und Salz in einer Schüssel verquirlen, über den Salat gießen und gut vermengen. In Servierschalen anrichten und die Hähnchenstücke darauf verteilen. Mit Balsamico-Essig beträufeln und sofort servieren.

SCHMECKT NACH MEER

Neapolitanischer Meeresfrüchtesalat

Für 4 Portionen

Vorbereitung: 20 Min. plus Marinierzeit

Garzeit: 20 Min.

Zutaten

500 g Tintenfisch, in Ringe und Tentakel geschnitten

750 g gegarte ausgelöste Miesmuscheln

500 g eingelegte Herzmuscheln

150 ml Weißwein

300 ml Olivenöl

250 g Trofie oder eine andere mittellange Nudelsorte

Saft von 1 Zitrone

½ Bund Schnittlauch, gehackt

½ Bund Petersilie, fein gehackt

Salz und Pfeffer

gemischte Salatblätter, z. B. Eichblattsalat, zerpflückt

4 große Tomaten, in Spalten geschnitten

Zubereitung

1 Die Meeresfrüchte in einer großen Schüssel vermengen, mit dem Wein und der Hälfte des Öls übergießen und mindestens 6 Stunden marinieren.

2 Die Meeresfrüchte mit Marinade in einen Topf geben und bei geringer Hitze 10 Minuten garen. Vom Herd nehmen und abkühlen lassen.

3 Salzwasser in einem Topf zum Kochen bringen. Die Pasta mit 1 Esslöffel Öl zugeben und 8–10 Minuten bissfest garen. Abgießen, mit kaltem Wasser abschrecken und abtropfen lassen.

4 Die Meeresfrüchte abgießen und den Sud dabei auffangen. Die Hälfte des Suds mit Zitronensaft, Kräutern und dem restlichen Öl verrühren. Mit Salz und Pfeffer abschmecken. Die Pasta mit den Meeresfrüchten vermengen.

5 Die Salatblätter auf einer Servierplatte auslegen. Den Nudelsalat darauf anrichten, die Tomaten darauf verteilen und servieren.

Feuriger Calamari-Salat

Für 4 Portionen   Vorbereitung: 20 Min.   Garzeit: 5 Min.

Zutaten

700 g küchenfertige Kalmare, in Mantel und Tentakel geteilt

3 EL Olivenöl

1 roter Chili, entkernt und in feinen Ringen

2 Frühlingszwiebeln, fein gehackt

1 Spritzer Zitronensaft, plus Zitronenspalten zum Servieren

100 g Brunnenkresse

70 g Babyspinat

Salz und Pfeffer

Dressing

100 ml Olivenöl

Saft von 1 Limette

1 TL flüssiger Honig

2 Schalotten, in feinen Ringen

1 Tomate, gehäutet, entkernt und fein gewürfelt

1 Knoblauchzehe, zerdrückt

Zubereitung

1 Für das Dressing alle Zutaten in eine Schale geben. Salzen und pfeffern. Gut verrühren und bis zum Gebrauch im Kühlschrank ziehen lassen.

2 Die Kalmarmäntel in 5 cm große Stücke schneiden und ein Rautenmuster einritzen. Das Öl in einer großen Pfanne erhitzen. Die Kalmarstücke und Tentakel darin bei starker Hitze 1 Minute unter Rühren anbraten. Chili und Frühlingszwiebeln zufügen und 1 Minute mitbraten. Großzügig mit Salz und Pfeffer würzen. Einen ordentlichen Spritzer Zitronensaft zufügen.

3 Brunnenkresse und Spinat in einer Salatschüssel mischen. Die Kalmarstücke zufügen. Mit so viel Dressing beträufeln, dass alles überzogen ist. Sorgfältig mischen. Sofort mit Zitronenspalten zum Beträufeln servieren.

Nizza-Salat

Für 4 Portionen | Vorbereitung: 30 Min. | Garzeit: 20 Min.

Zutaten

400 g kleine neue Kartoffeln, in dicken Scheiben

150 g Brokkoli, in kleinen Röschen, Stiele in Scheiben

150 g grüne Bohnen, geputzt und halbiert

2 Romanasalatherzen, in mundgerechten Stücken

300 g Tomaten, gewürfelt

150 g Salatgurke, längs halbiert, entkernt und gewürfelt

½ rote Zwiebel, in feinen Ringen

85 g schwarze Oliven, entsteint

2 EL grob gehackte frische glatte Petersilie

12 Wachteleier

2 Thunfischsteaks (à 225 g)

fettarmes Backtrennspray

Salz und Pfeffer

Dressing

Saft von 1 Zitrone

2 EL Olivenöl

3 EL Balsamico-Essig

Zubereitung

1 Die Kartoffeln in einem Schnellkochtopf 6–8 Minuten gar dämpfen. Abkühlen lassen. Anschließend Brokkoli und Bohnen in den Topf geben und 2 Minuten knackig gar dämpfen. Abtropfen und abkühlen lassen.

2 Für das Dressing Zitronensaft, Öl und Essig in ein Schraubglas füllen. Leicht salzen und pfeffern. Zuschrauben und schütteln.

3 Den Salat in eine Schüssel geben. Tomaten, Gurken, Zwiebel, Oliven und Petersilie sowie Kartoffeln, Brokkoli und Bohnen zufügen. Das Dressing darüberträufeln und unterheben.

4 Die Wachteleier nach Packungsangabe hart kochen. Unter fließend kaltem Wasser abschrecken. Eine gerippte Grillpfanne stark erhitzen. Die Thunfischsteaks mit Backtrennspray besprühen. Salzen und pfeffern. Von jeder Seite 1½ Minuten (blutig) bzw. 2½ Minuten (medium) braten. In feine Scheiben schneiden.

5 Den Salat auf vier Servierteller verteilen. Einige Wachteleier schälen und halbieren, die restlichen in der Schale halbieren und auf den Salat setzen. Die Thunfischstreifen darauf anrichten und sofort servieren.

Salat mit süßem Thunfisch

Für 4 Portionen   Vorbereitung: 15 Min.   Garzeit: 10 Min.

Zutaten

180 g frische Sojabohnensprossen
10-cm-Stück Salatgurke
je 20 g Koriander- und Minzeblätter
1 Prise Salz
je 1 EL Sesam- und Erdnussöl
450 g frisches Thunfischfilet
2 EL gesalzene Erdnüsse, gehackt

Dressing

2 TL Rapsöl
1 TL geriebener Ingwer
½ roter Chili, gehackt
4 EL helle Sojasauce
1 EL thailändische Fischsauce
1 EL Tamarindenpaste
6 EL brauner Zucker

Zubereitung

1 Für das Dressing einen Wok stark erhitzen, dann das Öl hineingeben. Ingwer und Chili darin einige Sekunden unter Rühren anbraten. Sojasauce, Fischsauce und Tamarindenpaste zugeben und 30 Sekunden garen. Den Zucker einstreuen und unter Rühren auflösen. Den Wok vom Herd nehmen.

2 Die Sojabohnensprossen in ein Sieb geben, mit kochendem Wasser übergießen und gut abtropfen lassen. Mit Küchenpapier trocken tupfen. Die Gurke schälen, längs halbieren und die Kerne herauslösen. Die Gurkenhälften schräg in Scheiben schneiden.

3 Sojabohnensprossen, Gurke, Koriander und Minze in eine Schüssel geben. Salzen und mit etwas Sesamöl beträufeln. Die Zutaten gut vermengen und auf Serviertellern anrichten.

4 Den Wok stark erhitzen, dann Sesam- und Erdnussöl hineingeben. Den Thunfisch in Würfel schneiden und diese im Öl kurz von allen Seiten anbraten, bis sie außen gebräunt, innen aber noch roh sind. Auf den Salatportionen verteilen.

5 Das Dressing nochmals kurz erhitzen und, falls nötig, mit etwas Wasser strecken. Über die Thunfischwürfel träufeln. Mit Erdnüssen garnieren und servieren.

Linsen-Thunfisch-Salat

Für 4 Portionen Vorbereitung: 15 Min. Garzeit: keine

Zutaten

2 Tomaten, entkernt und in kleine Stücke geschnitten

1 kleine rote Zwiebel, gehackt

400 g Linsen aus der Dose, abgetropft

180 g Thunfisch aus der Dose, abgetropft

2 EL frisch gehackter Koriander

Salz und Pfeffer

Dressing

3 EL natives Olivenöl extra

1 EL Zitronensaft

1 TL körniger Senf

1 Knoblauchzehe, zerdrückt

½ TL gemahlener Kreuzkümmel

½ TL gemahlener Koriander

Zubereitung

1. Für das Dressing alle Zutaten in einer Schüssel verrühren.
2. Tomaten, Zwiebel und Linsen in einer großen Schüssel miteinander vermengen.
3. Die Thunfischstücke mit einer Gabel zerdrücken und zusammen mit dem Koriander unter die Linsenmischung heben.
4. Das Dressing über den Salat gießen und vermengen. Mit Salz und Pfeffer abschmecken und sofort servieren.

Meeresfrüchte-Mix

Für 4 Portionen

Vorbereitung: 20 Min. plus Ruhezeit

Garzeit: 10 Min.

Zutaten

250 g frische Miesmuscheln, abgebürstet und Bärte entfernt

350 g frische Jakobsmuscheln, geöffnet und gesäubert

250 g küchenfertige Kalmare, in Ringe und Tentakel geteilt

1 rote Zwiebel, in feinen Ringen

1 Zitrone, geviertelt, zum Servieren

Dressing

4 EL natives Olivenöl extra

2 EL Weißweinessig

1 EL Zitronensaft

1 Knoblauchzehe, fein gehackt

1 EL fein gehackte frische glatte Petersilie, plus 1 EL zum Garnieren

Salz und Pfeffer

Zubereitung

1 Miesmuscheln mit beschädigter Schale oder Exemplare, die sich beim Daraufklopfen nicht sofort schließen, aussortieren. Die Muscheln in ein Sieb geben und unter fließend kaltem Wasser abspülen. Mit etwas Wasser in einen großen Topf geben und bei geschlossenem Deckel und starker Hitze 3–4 Minuten garen, bis sich die Muscheln geöffnet haben. Dabei gelegentlich am Topf rütteln. Exemplare, die sich nicht geöffnet haben, aussortieren. Die Muscheln abgießen und den Sud auffangen. Unter kaltem Wasser abschrecken und abtropfen lassen.

2 Den Sud wieder in den Topf geben und zum Kochen bringen. Jakobsmuscheln und Kalmar zufügen und 3 Minuten garen. Den Sud abgießen und die Meeresfrüchte unter kaltem Wasser abschrecken. Abtropfen lassen.

3 Die Miesmuscheln aus den Schalen lösen und mit den anderen Meeresfrüchten in einer Salatschüssel mischen. Abkühlen lassen. Mit Frischhaltefolie abgedeckt 45 Minuten im Kühlschrank ruhen lassen. Zwiebel unterheben und auf vier Servierschalen verteilen.

4 Für das Dressing Öl, Essig, Zitronensaft, Knoblauch und Petersilie in ein Schraubglas füllen. Salzen und pfeffern. Kräftig schütteln. Über die Meeresfrüchte träufeln. Mit der Petersilie garnieren. Sofort mit den Zitronenspalten servieren.

Räucherlachs mit Rucola

Für 4–6 Portionen Vorbereitung: 15 Min. Garzeit: keine

Zutaten

50 g Rucola

1 EL frisch gehackte glatte Petersilie

2 Frühlingszwiebeln, gehackt

2 große Avocados, in Streifen geschnitten

1 EL Zitronensaft

250 g Räucherlachs, in Streifen geschnitten

Dressing

150 ml Mayonnaise

2 EL Limettensaft

fein abgeriebene Schale von 1 Bio-Limette

1 EL frisch gehackte glatte Petersilie, plus 4 Zweige zum Garnieren

Zubereitung

1 Die Rucolablätter halbieren und auf vier Schalen verteilen. Mit Petersilie und Frühlingszwiebeln bestreuen.

2 Die Avocadostreifen mit dem Zitronensaft beträufeln und mit den Lachsstreifen auf die Servierschalen verteilen.

3 Für das Dressing alle Zutaten in einer Schüssel verrühren und über den Salat gießen. Mit Petersilie garniert sofort servieren.

Tomatensalat mit Lachs & Garnelen

Für 4 Portionen

Vorbereitung: 15 Min.

Garzeit: keine

Zutaten

einige Salatblätter

120 g kleine Kirschtomaten, halbiert

4 vollreife Tomaten, gewürfelt

100 g Räucherlachs

200 g gegarte, ausgelöste Garnelen

Dressing

1 EL Dijon-Senf

2 TL Zucker

2 TL Rotweinessig

2 EL Olivenöl

1 EL frisch gehackter Dill, plus einige Stängel zum Garnieren

Salz und Pfeffer

Zubereitung

1 Eine große Servierplatte mit den Salatblättern auslegen und die halbierten und gewürfelten Tomaten darauf verteilen. Den Räucherlachs in Streifen schneiden und zusammen mit den Garnelen auf dem Salat anrichten.

2 Für das Dressing alle Zutaten in einer Schüssel verrühren und über den Salat gießen. Mit Dillzweigen garnieren und servieren.

Katalanischer Stockfischsalat

Für 4–6 Portionen

Vorbereitung: 20 Min. plus Einweichzeit

Garzeit: keine

Zutaten

400 g Stockfisch (gesalzener, getrockneter Kabeljau) am Stück

6 Frühlingszwiebeln, schräg in dünne Ringe geschnitten

6 EL natives Olivenöl extra

1 EL Sherry-Essig

1 EL Zitronensaft

frisch gemahlener schwarzer Pfeffer

2 große rote Paprika, gegrillt, gehäutet und fein gewürfelt

12 große schwarze Oliven, entsteint und in Ringe geschnitten

2 Fleischtomaten, in dünne Scheiben geschnitten, zum Servieren

2 EL sehr fein gehackte frische Petersilie, zum Garnieren

Zubereitung

1 Den Stockfisch in eine große Schüssel legen, mit kaltem Wasser bedecken und mindestens 48 Stunden wässern, dabei gelegentlich das Wasser wechseln.

2 Den Stockfisch herausheben, mit Küchenpapier trocken tupfen, Haut und Gräten entfernen und dann mit den Fingern in kleine Stücke zerteilen. Zusammen mit Frühlingszwiebeln, Öl, Essig und Zitronensaft in eine große Schüssel (kein Metall) geben und alles vermengen. Mit dem Pfeffer würzen, abdecken und 3 Stunden im Kühlschrank ziehen lassen.

3 Paprika und Oliven unterheben. Gegebenenfalls nachwürzen, dabei den Salzgehalt von Fisch und Oliven berücksichtigen. Die Tomatenscheiben mit dem Fischsalat auf einer Servierplatte oder auf Speisetellern anrichten. Mit Petersilie bestreut servieren.

Salat mit gegrilltem Wolfsbarsch

Für 4 Portionen   Vorbereitung: 30 Min.   Garzeit: 10 Min.

Zutaten

85 g Babyspinat
40 g Feldsalat
40 g roter Salatmangold
2 rosa Grapefruits, geschält, filetiert (Reste aufbewahren)
1 Orange, geschält, filetiert (Reste aufbewahren)
4 Wolfsbarschfilets
fein abgeriebene Schale und Saft von 1 Bio-Limette
3 EL Olivenöl
1 TL flüssiger Honig
Salz und Pfeffer
2 EL fein gehackter frischer Koriander, zum Garnieren

Zubereitung

1 Spinat, Feldsalat und Mangold in einer Salatschüssel mischen. Grapefruit- und Orangenfilets darauf verteilen. Den Saft aus den Resten der Zitrusfrüchte in ein Schraubglas pressen.

2 Den Backofengrill vorheizen und eine flache Bratform mit Alufolie auslegen. Die Fischfilets mit der Hautseite nach unten hineingeben. Mit der Limettenschale bestreuen und mit dem Limettensaft beträufeln. Salzen und pfeffern. Den Fisch wenden, salzen und pfeffern und mit 1 Esslöffel Olivenöl beträufeln. Unter einmaligem Wenden 6–8 Minuten grillen, bis die Haut gebräunt und das Fleisch glasig ist und sich auf Fingerdruck löst.

3 Für das Dressing restliches Öl und Honig zum Zitrussaft in das Schraubglas geben. Salzen und pfeffern. Kräftig schütteln. Das Dressing über den Salat träufeln und unterheben. Den Salat auf vier Servierteller aufteilen.

4 Die Fischfilets in mundgerechte Stücke teilen und auf den Salatportionen anrichten. Mit dem Koriander garnieren. Den Saft aus der Bratform darüberträufeln und sofort servieren.

Schwertfisch mit frischer Tomatensalsa

Für 4 Portionen | Vorbereitung: 20 Min. plus Kühlzeit | Garzeit: 15 Min.

Zutaten

4 Schwertfischsteaks ohne Gräten (à 140 g)

je 1 EL Butter und Olivenöl

frisches Baguette, zum Servieren

Sauce

4 EL natives Olivenöl extra

1 EL Rotweinessig

600 g vollreife Fleischtomaten, entkernt und klein gewürfelt

150 g große schwarze Oliven, entsteint und halbiert

1 Schalotte, fein gehackt

1 EL Kapern, abgespült und abgetropft

3 EL frisch gehacktes Basilikum

Salz und Pfeffer

Zubereitung

1 Für die Sauce Öl und Essig in einer mittelgroßen Schüssel verrühren, Tomaten, Oliven, Schalotte und Kapern untermischen, salzen und pfeffern. Abdecken und bis zum Servieren in den Kühlschrank stellen.

2 Die Schwertfischsteaks von beiden Seiten salzen. Butter und Öl in einer großen Pfanne zerlassen und die Steaks von beiden Seiten etwa 5 Minuten braten, bis sie goldbraun sind. Wenn die Steaks nicht nebeneinander in die Pfanne passen, in zwei Durchgängen braten. Nochmals wenden und weitere 3 Minuten braten, bis der Fisch mühelos in Segmente zerfällt. Aus der Pfanne nehmen und auf einem Teller abkühlen lassen. Abdecken und 2 Stunden in den Kühlschrank stellen.

3 Die Fischsteaks 15 Minuten vor dem Servieren aus dem Kühlschrank nehmen. Das Basilikum zur Salsa geben und eventuell nachwürzen. Den Fisch in mundgerechte Stücke zerteilen und vorsichtig unter die Salsa heben. Auf vier Schalen verteilen und mit frischem Baguette servieren.

Fischsalat süßsauer

Für 4 Portionen Vorbereitung: 20 Min. Garzeit: 10 Min.

Zutaten

250 g Forellenfilet

250 g weißes Fischfilet, z. B. Schellfisch oder Kabeljau

1 Stängel Zitronengras, halbiert

2 Kaffir-Limettenblätter

1 großer roter Chili

1 Bund Frühlingszwiebeln, in Ringe geschnitten

125 g frische Ananas, in kleine Stücke geschnitten

1 kleine rote Paprika, in Streifen geschnitten

1 Bund Brunnenkresse, geputzt

Schnittlauchröllchen, zum Garnieren

Dressing

1 EL Sonnenblumenöl

1 EL Reisweinessig

1 Prise Chilipulver

1 TL Honig

Salz und Pfeffer

Zubereitung

1 Die Fischfilets in einen Topf geben und mit 300 ml Wasser übergießen. Zitronengras, Limettenblätter und Chili zugeben und zum Kochen bringen. Etwa 8–10 Minuten garen, dann abgießen und abtropfen lassen.

2 Die Fischfilets eventuell häuten, das Fleisch in mundgerechte Stücke schneiden und in eine große Schüssel geben. Frühlingszwiebeln, Ananas und Paprika zufügen und vermengen.

3 Die Brunnenkresse auf vier Teller verteilen und die Fischmischung darauf anrichten.

4 Alle Dressingzutaten in einer Schüssel verrühren und den Salat damit beträufeln. Mit Schnittlauch bestreut sofort servieren.

Makrele auf warmem Kartoffelsalat

Für 4 Portionen

Vorbereitung: 30 Min. plus Marinierzeit

Garzeit: 25 Min.

Zutaten

4 frische Makrelenfilets (à 140 g)

1 TL grob gemahlener schwarzer Pfeffer

fein abgeriebene Schale und Saft von 1 kleinen Bio-Zitrone

1 EL natives Olivenöl extra

500 g neue Kartoffeln, in Scheiben geschnitten

4 Frühlingszwiebeln, in dünne Ringe geschnitten

25 g Rucola

frischer Dill, zum Garnieren

Dressing

5 EL natives Olivenöl extra

2 EL Weißweinessig

1 EL Dijon-Senf

1 Prise Zucker

1 EL frisch gehackter Dill

Salz und Pfeffer

Zubereitung

1 Die Haut der Makrelenfilets drei- bis viermal schräg einschneiden. Pfeffer, Zitronenschale und -saft mit Öl verquirlen und über den Fisch gießen. Abgedeckt 20 Minuten bei Zimmertemperatur marinieren. Den Backofengrill stark erhitzen.

2 Die Fischfilets unter dem vorgeheizten Backofengrill 7–8 Minuten grillen, dabei einmal wenden, bis sie gar sind. Unterdessen die Kartoffeln in einem Topf mit kaltem Wasser bedecken. Zum Kochen bringen, abdecken und 12–15 Minuten sanft köcheln lassen, bis sie gerade gar sind.

3 Für das Dressing Olivenöl, Essig, Senf und Zucker in einer Schüssel verquirlen. Den Dill unterrühren und alles mit Salz und Pfeffer würzen.

4 Die Kartoffeln abgießen und behutsam mit den Frühlingszwiebeln und der Hälfte des Dressings mischen. Auf vier Servierteller verteilen und mit den Rucolablättern bestreuen. Auf jede Portion ein heißes Makrelenfilet legen. Mit dem verbliebenen Dressing beträufeln und mit dem frischen Dill garniert servieren.

Garnelen-Bruschetta mit weißen Bohnen

Für 4 Portionen | Vorbereitung: 15 Min. | Garzeit: 5 Min.

Zutaten

400 g weiße Bohnen aus der Dose, abgespült und abgetropft
½ rote Zwiebel, fein gehackt
1 Selleriestange, fein gewürfelt
300 g gekochte Riesengarnelen, ausgelöst, Schwanzende intakt
1 Knoblauchzehe, fein gehackt
Saft von 1 Zitrone
5 EL natives Olivenöl extra
2 EL frisch gehackte glatte Petersilie
4 dicke Scheiben helles Bauernbrot
100 g kleine Eiertomaten, halbiert
1 Handvoll frische glatte Petersilie
Salz und Pfeffer

Zubereitung

1 Bohnen, Zwiebel, Sellerie, Garnelen und Knoblauch in eine große Schüssel füllen. Zitronensaft, 2 Esslöffel Öl und die gehackte Petersilie zufügen. Mit Salz und Pfeffer würzen, gut verrühren, abdecken und beiseitestellen.

2 Die Brotscheiben mit ein wenig von dem verbliebenen Olivenöl bestreichen und in einer heißen Grillpfanne 2–3 Minuten auf jeder Seite goldgelb grillen oder unter einem heißen Backofengrill rösten. Auf Servierteller verteilen.

3 Tomaten und Petersilie behutsam unter die Bohnen heben und die Mischung auf die heißen Brotscheiben häufen. Mit dem restlichen Öl beträufeln, eventuell nachwürzen und servieren.

Schichtsalat mit Flusskrebsen

Für 4 Portionen Vorbereitung: 15 Min. Garzeit: keine

Zutaten

100 g Karotten, gerieben

1 Salatherz, in Streifen geschnitten

100 g Maiskörner aus der Dose, abgetropft

¼ Salatgurke, gewürfelt

175 g gekochte Flusskrebsschwänze in Lake, gut abgetropft

½ TL Cayennepfeffer

Zitronenspalten, zum Garnieren (nach Belieben)

Dressing

8 EL Mayonnaise

1 EL Tomatenketchup

1 Spritzer Worcestersauce

1 EL Zitronensaft

Salz und Pfeffer

Zubereitung

1 Für das Dressing alle Zutaten in eine kleine Schüssel geben und gründlich verquirlen.

2 Karotten, Salat, Mais und Gurke auf vier Schalen verteilen.

3 Das Dressing darüberträufeln und die Flusskrebsschwänze darauf anrichten. Mit Cayennepfeffer bestreuen, nach Belieben mit Zitronenspalten garnieren und servieren.

Nudelsalat mit Melone & Garnelen

Für 6 Portionen | Vorbereitung: 35 Min. | Garzeit: 15 Min.

Zutaten

250 g grüne Fusilli
5 EL natives Olivenöl extra
500 g gekochte Garnelen ohne Schale
1 Charentaismelone
1 Galiamelone
1 EL Rotweinessig
1 TL Dijon-Senf
1 Prise Zucker
1 EL frisch gehackte glatte Petersilie
1 EL frisch gehacktes Basilikum, plus ein paar Blätter zum Garnieren
1 Eichblatt- oder Kopfsalat, in Streifen
Salz und Pfeffer

Zubereitung

1 In einem großen Topf leicht gesalzenes Wasser aufkochen und die Fusilli 8–10 Minuten oder nach Packungsanweisung bissfest garen. Abgießen, 1 Esslöffel Öl unterrühren und abkühlen lassen.

2 Unterdessen die Garnelen in eine große Schüssel geben. Beide Melonen halbieren und die Kerne mit einem Löffel herauskratzen und entsorgen. Mit einem Melonenausstecher oder einem Teelöffel Kugeln ausstechen und zu den Garnelen geben.

3 Das verbliebene Öl, Essig, Senf, Zucker, Petersilie und Basilikum in einer kleinen Schüssel verquirlen. Mit Salz und Pfeffer abschmecken. Die abgekühlten Nudeln zur Garnelen-Melonen-Mischung geben und unterheben. Dann das Dressing zugießen und untermengen. Mit Frischhaltefolie abdecken und mindestens 30 Minuten im Kühlschrank durchziehen lassen.

4 Die Salatstreifen auf Serviertellern arrangieren. Den Pastasalat darauf anrichten, mit Basilikumblättern garnieren und servieren.

2

2

3

Hummersalat mit Safran-Mayonnaise

Für 4–6 Portionen Vorbereitung: 30 Min. Garzeit: keine

Zutaten

750–800 g frisch gekochtes Hummerfleisch, in mundgerechte Stücke zerteilt

1 große Avocado, gewürfelt

4 reife, aber feste Tomaten

250 g Salatblätter und Kräuter, gemischt

1–2 EL fruchtiges Olivenöl

1 Spritzer Zitronensaft

Salz und Pfeffer

Mayonnaise

1 Prise Safranfäden

1 Ei

1 TL Dijon-Senf

1 EL Weißweinessig

300 ml Sonnenblumenöl

Salz und Pfeffer

Zubereitung

1 Für die Mayonnaise die Safranfäden in etwas warmem Wasser einweichen. Unterdessen Ei, Senf, Essig und eine Prise Salz in einem Mixer verquirlen. Bei laufendem Motor sehr langsam etwa ein Drittel des Sonnenblumenöls hineingießen. Sobald die Masse beginnt anzudicken, das verbliebene Öl etwas rascher zugeben. Nach dem Öl den Safran samt Einweichwasser hinzufügen und weitermixen. Mit Salz und Pfeffer abschmecken, abdecken und bis zur Verwendung in den Kühlschrank stellen.

2 Hummerfleisch und Avocado in eine Schüssel füllen. Die Tomaten vierteln und die Kerne entfernen. Das Fruchtfleisch in recht große Stücke schneiden und ebenfalls in die Schüssel geben. Mit Salz und Pfeffer würzen und nach und nach nur so viel Mayonnaise unterrühren, bis alles dünn überzogen ist.

3 Salat- und Kräuterblätter in Olivenöl und Zitronensaft wenden und auf vier bis sechs Serviertellern verteilen. Die Hummermischung daraufgeben und sofort servieren.

Muschelsalat

Für 4 Portionen Vorbereitung: 20 Min. Garzeit: 10 Min.

Zutaten

2 große rote Paprika, halbiert

350 g gegarte ausgelöste Miesmuscheln

1 Radicchio, zerzupft

25 g Rucola, plus etwas mehr zum Garnieren

8 gegarte Grünlippmuscheln in der Schale

Dressing

1 EL Olivenöl

1 EL Zitronensaft

1 TL fein abgeriebene Zitronenschale

2 TL Honig

1 TL Dijon-Senf

1 EL frisch gehackter Schnittlauch

Salz und Pfeffer

Zubereitung

1 Den Backofengrill vorheizen. Die Paprika mit der Haut nach oben auf ein Backblech legen und 10 Minuten im Ofen grillen, bis die Haut schwarz wird. In einen Gefrierbeutel geben, verschließen und abkühlen lassen. Dann die Haut abziehen und das Fleisch in Streifen schneiden. Die Paprika in eine Schüssel geben und mit den Miesmuscheln vermengen.

2 Für das Dressing alle Zutaten in einer Schüssel verrühren und über die Muschelmischung gießen.

3 Eine Servierplatte mit Radicchio und Rucola auslegen und den Muschelsalat darauf verteilen. Die Grünlippmuscheln darauf anrichten, mit ein paar Blättern Rucola garnieren und servieren.

OBST-POWER

Fenchel-Orangen-Salat

Für 4 Portionen Vorbereitung: 15 Min. Garzeit: keine

Zutaten

2 Orangen, geschält und in Scheiben geschnitten

1 Fenchelknolle, in feine Scheiben geschnitten, plus Fenchelgrün zum Garnieren

1 rote Zwiebel, in feine Ringe geschnitten

Dressing

Saft von 1 Orange

2 EL Balsamico-Essig

Pfeffer

Zubereitung

1 Einen großen Servierteller mit den Orangenscheiben belegen. Den Fenchel darauf verteilen. Mit den Zwiebelringen bestreuen.

2 Für das Dressing Orangensaft und Essig verrühren und den Salat damit beträufeln. Mit Pfeffer würzen und mit dem Fenchelgrün garnieren. Sofort servieren.

Feigen mit Gorgonzola

Für 4 Portionen | Vorbereitung: 15 Min. | Garzeit: 5 Min.

Zutaten

Butter, zum Einfetten

70 g Zucker

80 g Mandeln

8 vollreife Feigen

natives Olivenöl extra, zum Beträufeln

350 g Gorgonzola, in Würfel geschnitten

Zubereitung

1 Ein Backblech leicht mit Butter einfetten. Den Zucker in einem Topf bei mittlerer Hitze unter Rühren goldbraun karamellisieren. Sobald der Zucker Blasen wirft, nicht mehr rühren und den Topf vom Herd nehmen. Eine Mandel nach der anderen auf eine Gabel setzen und in den Karamell tauchen. Die Mandeln auf das Backblech legen. Sollte der Karamell in der Zwischenzeit fest werden, den Topf erneut auf den Herd stellen und den Karamell kurz erhitzen.

2 Die Karamellmandeln abkühlen lassen. Die Feigen vierteln, je acht Viertel auf einen Teller legen und mit Olivenöl beträufeln. In die Mitte jedes Tellers einige Gorgonzola-Würfel geben. Die Karamellmandeln grob hacken und über den Gorgonzola streuen.

Exotische Fruchtplatte

Für 4 Portionen

Vorbereitung: 20 Min. plus Kühlzeit

Garzeit: 5 Min.

Zutaten

1 Ananas, in dünne Scheiben geschnitten

1 Mango, in dünne Scheiben geschnitten

1 Papaya, in dünne Scheiben geschnitten

4 Orangen, filetiert

125 g Erdbeeren, geviertelt

Schlagsahne oder Crème fraîche, zum Servieren (nach Belieben)

Sirup

6 EL Zucker

½ TL Lebkuchengewürz

abgeriebene Schale von ½ Bio-Zitrone

Zubereitung

1 Für den Sirup alle Zutaten mit 400 ml Wasser in einen Topf geben und zum Kochen bringen. Unter Rühren 2 Minuten kochen und vom Herd nehmen. Auf Zimmertemperatur abkühlen lassen. In eine Schüssel geben, mit Frischhaltefolie abdecken und 1 Stunde im Kühlschrank ziehen lassen.

2 Die Ananasscheiben in dicke Streifen schneiden und zusammen mit Mango- und Papayascheiben in eine Schüssel geben. Orangenfilets und Erdbeerviertel zufügen und vorsichtig vermengen.

3 Den gekühlten Sirup über den Fruchtsalat gießen, die Schüssel mit Frischhaltefolie abdecken und bis zum Servieren im Kühlschrank aufbewahren. Nach Belieben mit Schlagsahne oder Crème fraîche servieren.

Papaya-Weißkohl-Salat

Für 4 Portionen Vorbereitung: 20 Min. Garzeit: 5 Min.

Zutaten

1 kleiner Eisbergsalat, in Streifen geschnitten

¼ Weißkohl, gehobelt

2 Papayas, in Spalten geschnitten

2 Tomaten

25 g geröstete Erdnüsse, gehackt

4 Frühlingszwiebeln, in feine Ringe geschnitten

Basilikumblätter, zum Garnieren

Dressing

4 EL Olivenöl

1 EL Fischsauce oder helle Sojasauce

2 EL Limetten- oder Zitronensaft

1 EL Rohrzucker

1 TL frisch gehackter grüner Chili

Zubereitung

1 Für das Dressing alle Zutaten in einer Schüssel verrühren.

2 Eisbergsalat und Weißkohl vermengen und auf einer großen Servierplatte verteilen. Die Papayaspalten darauf anrichten.

3 Die Tomaten kreuzweise einschneiden und 1 Minute in kochend heißem Wasser blanchieren. Unter fließend kaltem Wasser abschrecken und häuten. Die Tomaten halbieren, entkernen und in sehr feine Spalten schneiden. Auf dem Salat verteilen.

4 Den Salat mit Erdnüssen und Frühlingszwiebeln bestreuen und das Dressing darübergießen. Mit Basilikum garniert servieren.

Melone-Mango-Salat

Für 4 Portionen | Vorbereitung: 20 Min. | Garzeit: keine

Zutaten

1 Cantaloupemelone, in kleine Würfel geschnitten

50 g kernlose blaue Trauben, halbiert

50 g kernlose weiße Trauben

1 große Mango, in Würfel geschnitten

1 Bund Brunnenkresse, geputzt

einige Blätter Eisbergsalat, in Streifen geschnitten

1 Passionsfrucht

Melonendressing

150 g Naturjoghurt

1 EL flüssiger Honig

1 TL frisch geriebener Ingwer

Salatdressing

2 EL Olivenöl

1 EL Apfelessig

Salz und Pfeffer

Zubereitung

1 Für das Melonendressing alle Zutaten in einer Schale verrühren.

2 Melone, Trauben und Mango in einer Schüssel vermengen.

3 Brunnenkresse und Eisbergsalat auf vier Teller aufteilen.

4 Für das Salatdressing alle Zutaten in einer Schale verrühren, über den Salat gießen und vermengen.

5 Die Früchtemischung auf den Salatblättern anrichten und mit dem Melonendressing beträufeln.

6 Die Passionsfrucht halbieren, das Fruchtmark mit einem Löffel herauslösen und über den Salat geben. Sofort servieren.

Salat mit dreierlei Beeren

Für 4 Portionen | Vorbereitung: 15 Min. | Garzeit: keine

Zutaten

1 kleiner Radicchio, in mundgerechten Stücken

½ Eichblattsalat oder Lollo Rosso, in mundgerechten Stücken

25 g getrocknete Gojibeeren

115 g Himbeeren

115 g Blaubeeren

Dressing

3 EL Hanföl

Saft von ½ Zitrone

1 TL Reissirup

Salz und Pfeffer

Zubereitung

1 Radicchio und Eichblattsalat in eine Salatschüssel geben. Alle Beeren hinzufügen und vorsichtig untermischen.

2 Für das Dressing Hanföl, Zitronensaft und Reissirup in ein Schraubglas füllen. Salzen und pfeffern. Zuschrauben und kräftig schütteln. Über den Salat träufeln und unterheben. Den Salat auf vier Servierschalen verteilen und sofort servieren.

Rucola mit Ziegenkäse & Wassermelone

Für 4 Portionen

Vorbereitung: 15 Min.

Garzeit: keine

Zutaten

800 g Wassermelonenfleisch, in großen Würfeln

fein abgeriebene Schale und Saft von 2 großen Limetten, plus Limettenspalten zum Servieren

½–1 roter Chili, entkernt und fein gehackt

55 g frischer Koriander, grob gehackt

70 g Rucola

115 g Ziegenweichkäse, gewürfelt

Salz und Pfeffer

Zubereitung

1 Wassermelone, Limettenschale und -saft sowie Chili in eine große Salatschüssel geben. Salzen und pfeffern.

2 Koriander, Rucola und Ziegenkäse vorsichtig unterheben. Mit Limettenspalten servieren.

Salat mit Erdbeeren & Melone

Für 4 Portionen Vorbereitung: 15 Min. Garzeit: keine

Zutaten

½ Eisbergsalat, in Streifen geschnitten

1 kleine Honigmelone, in 2,5 cm große Stücke geschnitten

250 g Erdbeeren, in Scheiben geschnitten

5-cm-Stück Gurke, in dünne Scheiben geschnitten

frische Minze, zum Garnieren

Dressing

200 g Naturjoghurt

5-cm-Stück Gurke, geschält

frische Minzeblätter

¼ TL fein abgeriebene Bio-Limettenschale

1 Prise Zucker

3–4 Eiswürfel

Zubereitung

1 Den Eisbergsalat auf vier Teller verteilen.

2 Die Melonenwürfel mit den Erdbeer- und Gurkenscheiben auf den Salatblättern verteilen.

3 Für das Dressing alle Zutaten mit einem Pürierstab oder in der Küchenmaschine glatt pürieren.

4 Das Dressing über den Salat gießen. Mit Minze garnieren und sofort servieren.

Salat mit Kokosnuss

Für 4 Portionen   Vorbereitung: 30 Min.   Garzeit: keine

Zutaten

1 kleine Ananas, geschält und gewürfelt

1 große Mango, geschält und gewürfelt

150 g Salatgurke, geschält, längs halbiert, entkernt und in dicken Scheiben

3 EL getrocknete Gojibeeren

50 g frischer Koriander, fein gehackt

Salz und Pfeffer (nach Belieben)

Dressing

1 kleine Kokosnuss

fein abgeriebene Schale und Saft von 1 Bio-Limette

Zubereitung

1 Eines der drei Löcher an der Basis der Kokosnuss einstechen und das Kokoswasser durch ein feines Haarsieb in eine Schale ablaufen lassen. Die Kokosnuss nun in Stücke brechen.

2 Für das Dressing Kokoswasser, Limettenschale und -saft in einer Salatschüssel verrühren. Das Kokosfleisch mit einem kleinen, spitzen Messer von der harten Schale lösen und mit einem Sparschäler 80 g feine Streifen ablösen.

3 Die Kokosspäne in das Dressing geben. Dann Ananas, Mango, Gurke, Gojibeeren und Koriander zufügen und untermischen. Nach Belieben salzen und pfeffern. Auf vier Servierschalen verteilen und sofort servieren.

Friséesalat mit Blaubeeren

Für 4 Portionen Vorbereitung: 15 Min. Garzeit: keine

Zutaten

¼ Friséesalat, in mundgerechten Stücken

50 g Babyspinat

70 g Portulak oder Rucola

120 g Blaubeeren

einige essbare Blüten, z. B. Veilchen, Kapuzinerkresse, zum Garnieren

Dressing

fein abgeriebene Schale und Saft von ½ kleinen Bio-Orange, plus etwas Abrieb zum Garnieren

fein abgeriebene Schale und Saft von ½ Bio-Zitrone

1 EL helle Sojasauce

2 EL Reisöl

1 TL flüssiger Honig

Pfeffer

Zubereitung

1 Frisée, Spinat und Portulak in einer großen Salatschüssel mit den Blaubeeren mischen.

2 Für das Dressing Orangen- und Zitronenschale sowie -saft, Sojasauce, Öl und Honig in ein Schraubglas füllen und pfeffern. Kräftig schütteln. Das Dressing über den Salat träufeln und unterheben. Den Salat auf vier Servierteller verteilen. Mit Blüten und Orangenabrieb garnieren. Sofort servieren.

Melonensalat mit Kräuterkäse

Für 4 Portionen Vorbereitung: 20 Min. Garzeit: keine

Zutaten

100 g Hüttenkäse

1 TL frisch gehackte Petersilie

1 EL Schnittlauchröllchen

1 TL frisch gehackter Kerbel oder frisch gehacktes Basilikum

2 rote oder orange Paprika, gehäutet, aus dem Glas

300 g Fruchtfleisch einer Honigmelone

175 g gemischte Salatblätter

50 g kernlose Trauben

1 rote Zwiebel, in feinen Ringen

Dressing

3 EL frisch gepresster Limettensaft

1 kleiner roter Chili, entkernt und fein gehackt

1 TL Honig

1 EL Sojasauce

Zubereitung

1. Hüttenkäse und gehackte Kräuter in einer Schüssel vermengen. Abdecken und beiseitestellen.
2. Die gehäuteten Paprika in feine Streifen schneiden und beiseitestellen. Melonenfruchtfleisch in mundgerechte Stücke schneiden.
3. Salatblätter und Melonenstücke auf vier Teller verteilen und jeweils 1 Esslöffel Kräuter-Hüttenkäse an die Seite geben.
4. Paprikastreifen, Trauben und Zwiebelringe dekorativ auf dem Salat anrichten.
5. Für das Dressing alle Zutaten in einer kleinen Schüssel verrühren und über den Salat träufeln. Sofort servieren.

Rucola mit Birne & Gorgonzola

Für 4–6 Portionen Vorbereitung: 15 Min. Garzeit: keine

Zutaten

1 Birne, z.B. Abate

2 Bund Rucola, abgespült und trocken geschleudert

100 g Gorgonzola, in mundgerechte Stücke geschnitten

3 EL Pinienkerne, geröstet

Dressing

4 EL natives Olivenöl extra

1 EL Balsamico-Essig

Salz und Pfeffer

Zubereitung

1 Für das Dressing Öl, Essig, Salz und Pfeffer in einer großen Schüssel (kein Metall) mit einem Schneebesen verquirlen. Abdecken und beiseitestellen.

2 Kurz vor dem Servieren die Birne vierteln, entkernen und in dünne Scheiben schneiden. Zum Dressing geben und gut mischen, sodass die Scheiben ganz benetzt sind. Rucola und Käse zufügen und nochmals kurz mischen. Mit Pinienkernen bestreut servieren.

Melonen-Artischocken-Salat mit Chorizo

Für 8 Portionen   Vorbereitung: 30 Min.   Garzeit: 6 Min.

Zutaten

12 Babyartischocken, Stiele und äußere Blätter entfernt und die Blattspitzen abgeschnitten

Saft von einer ½ Zitrone

2 EL Olivenöl

200 g Chorizowürstchen, gehäutet und in Stücke geschnitten

1 kleine Cantaloupe- oder Netzmelone

frischer Estragon oder glatte Petersilie, zum Garnieren

Dressing

3 EL natives Olivenöl extra

1 EL Rotweinessig

1 TL Senf

1 EL frisch gehackter Estragon oder glatte Petersilie

Salz und Pfeffer

Zubereitung

1. Die Artischocken vierteln und mit dem Zitronensaft beträufeln. Das Olivenöl in einer Pfanne erhitzen und die Artischocken darin unter häufigem Wenden 5 Minuten andünsten. Die Chorizo zugeben und 1 Minute anbraten. In eine Salatschüssel geben und auskühlen lassen.
2. Die Melone vierteln, entkernen und schälen. Das Fruchtfleisch in mundgerechte Stücke schneiden und mit in die Schüssel geben.
3. Für das Dressing alle Zutaten in einer Schüssel verrühren und über den Salat gießen. Den Salat vorsichtig vermengen und mit Estragon garnieren. Sofort servieren.

Cocktail aus exotischen Früchten

Für 4 Portionen Vorbereitung: 20 Min. Garzeit: keine

Zutaten

2 Orangen
2 große Passionsfrüchte
1 Ananas, in Stücke geschnitten
1 Granatapfel
1 Banane

Zubereitung

1 Eine Orange halbieren und den Saft in eine Schüssel pressen. Die zweite Orange schälen und über der Schüssel filetieren, um den Saft aufzufangen. Die Filets in die Schüssel geben.

2 Die Passionsfrüchte halbieren, das Fruchtmark mit einem Löffel herauslösen und durch ein Haarsieb in die Schüssel mit den Orangenfilets streichen. Mit den Ananasstücken vermengen.

3 Den Granatapfel vierteln und die Kerne mit den Fingern oder einem Löffelstiel herauslösen. Unter den Fruchtsalat mischen.

4 Die Banane in dünne Scheiben schneiden, mit den anderen Früchten vermengen und sofort servieren.

Roter Obstsalat

Für 4 Portionen

Vorbereitung: 20 Min. plus Kühlzeit

Garzeit: 5 Min.

Zutaten

1 Wassermelone (1,5 kg)

120 g kernlose blaue Trauben

4 Feigen

Sirup

abgeriebene Schale von 1 Bio-Limette

abgeriebene Schale und Saft von 1 Bio-Orange

1 EL Ahornsirup

2 EL flüssiger Honig

Zubereitung

1 Die Melone vierteln und entkernen. Das Fruchtfleisch in 2,5 cm dicke Würfel schneiden. Die Melonenwürfel mit den Trauben in eine Schüssel geben. Die Feigen in je acht Spalten schneiden und ebenfalls in die Schüssel geben.

2 Für den Sirup alle Zutaten in einen Topf geben und zum Kochen bringen. 1 Minute köcheln lassen und den Sirup über die Früchte gießen. Gut vermengen und abkühlen lassen. Dann die Schüssel abdecken und für 1 Stunde im Kühlschrank unter gelegentlichem Rühren ziehen lassen.

3 Den Obstsalat auf vier Dessertschalen verteilen und servieren.

Couscous-Salat mit Feta & Himbeeren

Für 6 Portionen

Vorbereitung: 20 Min. plus Quellzeit

Garzeit: keine

Zutaten

350 g Couscous
600 ml kochende Hühnerbrühe
350 g Himbeeren
½ Bund Basilikum
2 Zucchini,
4 Frühlingszwiebeln
200 g Feta, zerkrümelt
50 g geröstete Pinienkerne
Schalenabrieb von 1 Bio-Zitrone

Dressing

1 EL Weißweinessig
1 EL Balsamico-Essig
4 EL natives Olivenöl extra
Saft von 1 Zitrone
Salz und Pfeffer

Zubereitung

1 Den Couscous in eine große, hitzebeständige Schüssel geben, mit der kochend heißen Brühe übergießen und vermengen. Die Schüssel abdecken und so lange quellen lassen, bis die Brühe vollständig aufgesogen ist.

2 Die Himbeeren verlesen und überreife Früchte aussortieren. Das Basilikum hacken.

3 Den Couscous in eine große Servierschüssel umfüllen und mit einer Gabel auflockern. Die Zucchini in dünne Scheiben schneiden und die Frühlingszwiebeln schräg in Ringe schneiden. Mit Feta, Himbeeren, Pinienkernen, Basilikum und Zitronenschale zum Couscous geben und alles vermengen.

4 Die Dressingzutaten in ein Schraubglas geben und kräftig schütteln. Über den Salat gießen und sofort servieren.

Grüner Obstsalat

Für 4 Portionen Vorbereitung: 20 Min. Garzeit: 10 Min.

Zutaten

1 Honigmelone

2 grüne Äpfel, in kleine Stücke geschnitten

2 Kiwis, in dünne Scheiben geschnitten

125 g kernlose weiße Trauben

Sirup

Zeste von 1 Zitrone

150 ml Weißwein

4 EL Honig

frische Minzezweige

Garnierung

frische Minze

Zitronenzesten

Zubereitung

1 Für den Sirup alle Zutaten mit 150 ml Wasser in einen Topf geben und zum Kochen bringen. Die Hitze reduzieren und 10 Minuten köcheln lassen. Den Sirup vom Herd nehmen und abkühlen lassen.

2 Für den Obstsalat die Melone halbieren und entkernen. Das Fruchtfleisch mit einem Kugelausstecher herauslösen.

3 Den Sirup durch ein Haarsieb in eine Schüssel gießen. Melonenkugeln, Äpfel, Kiwis und Trauben zugeben und gut vermengen.

4 Den Obstsalat mit einigen Minzeblättchen und Zitronenzesten garnieren und servieren.

REGISTER

This edition published by Parragon Books Ltd

Parragon Books Ltd
Chartist House
15–17 Trim Street
Bath BA1 1HA, UK
www.parragon.com

Realisation der deutschen Ausgabe:
trans texas publishing services GmbH, Köln
Redaktion und Satz: lesezeichen Verlagsdienste, Köln

ISBN 978-1-4748-3898-6
Printed in China

HINWEIS

Sind Zutaten in Löffeln angegeben, ist immer ein gestrichener Löffel gemeint: Ein Teelöffel entspricht 5 ml, ein Esslöffel 15 ml. Sofern nicht anders angegeben, wird Vollmilch (3,5 % Fett) verwendet. Eier und einzelne Gemüsestücke sind von mittlerer Größe. Pfeffer wird grundsätzlich frisch gemahlen verwendet. Wurzelgemüse sollte vor der Weiterverarbeitung geschält werden.

Garnierungen, Dekorationen und Serviervorschläge sind kein fester Bestandteil der Rezepte und daher nicht unbedingt in der Zutatenliste oder Zubereitung aufgeführt. Die angegebenen Zeiten können von den tatsächlichen abweichen, da je nach Zubereitungsmethode und vorhandenem Herdtyp Schwankungen auftreten.

Kinder, ältere Menschen, Schwangere, Kranke und Rekonvaleszenten sollten auf Gerichte mit rohen oder nur leicht gegarten Eiern verzichten. Schwangere und stillende Frauen sollten den Verzehr von Erdnüssen oder erdnusshaltigen Zubereitungen vermeiden. Allergiker sollten bedenken, dass in allen in diesem Buch verwendeten Fertigprodukten Spuren von Nüssen enthalten sein könnten. Bitte lesen Sie in jedem Fall zuvor die Verpackungsangaben.